Descobrir Jogos Online Grátis

Disponível Aqui:

BestActivityBooks.com/FREEGAMES

5 DICAS PARA COMEÇAR

1) CÓMO RESOLVER LAS SOPA DE LETRAS

Os puzzles têm um formato clássico:

- As palavras estão escondidas sem espaços ou hífenes,...
- Orientação: As palavras podem ser escritas para a frente, para trás, para cima, para baixo ou na diagonal (podem ser invertidas).
- As palavras podem sobrepor-se ou intersectar-se.

2) APRENDIZAGEM ACTIVA

Ao lado de cada palavra há um espaço para anotar a tradução. Para encorajar a aprendizagem activa, um **DICIONÁRIO** no final desta edição permitir-lhe-á verificar e expandir os seus conhecimentos. Procure e anote as traduções, encontre-as no puzzle e adicione-as ao seu vocabulário!

3) MARCAR AS PALAVRAS

Pode inventar o seu próprio sistema de marcação - talvez já use um? Pode também, por exemplo, marcar palavras difíceis de encontrar com uma cruz, palavras favoritas com uma estrela, palavras novas com um triângulo, palavras raras com um diamante, e assim por diante.

4) ESTRUTURANDO A APRENDIZAGEM

Esta edição oferece um **CADERNO DE NOTAS** prático no final do livro. Nas férias, em viagem ou em casa, pode facilmente organizar os seus novos conhecimentos sem a necessidade de um segundo caderno!

5) JÁ TERMINOU TODAS AS GRELHAS?

Nas últimas páginas deste livro, na secção **DESAFIO FINAL**, encontrará um jogo gratuito!

Rápido e fácil! Consulte a nossa colecção de livros de actividades para o seu próximo momento de diversão e **aprendizagem**, a apenas um clique de distância!

Encontre o seu próximo desafio em:

BestActivityBooks.com/MeuProximoLivro

Aos vossos lugares, preparem-se...Vão!

Sabia que existem cerca de 7.000 línguas diferentes no mundo? As palavras são preciosas.

Adoramos línguas e temos trabalhado arduamente para criar livros da mais alta qualidade para si. Os nossos ingredientes?

Uma selecção de tópicos adequados à aprendizagem, três boas porções de entretenimento, e depois acrescentamos uma colherada de palavras difíceis e uma pitada de palavras raras. Servimo-los com amor e máximo divertimento, para que possa resolver os melhores jogos de palavras e se divirta a aprender!

A sua opinião é essencial. Pode participar activamente no sucesso deste livro, deixando-nos um comentário. Gostaríamos de saber o que mais lhe agradou nesta edição.

Aqui está um link rápido para a sua página de encomendas:

BestBooksActivity.com/Avaliacoes50

Obrigado pela vossa ajuda e divirtam-se!

A Equipa Inteira

1 - Dirigindo

```
M K E A M A N A N P E L Q T
O O E R F P D R N E G A S R
B H T C U V Y O A J A L O A
I B O O E Q Z G O A R U T N
L A D M R L E S Q L A L J S
U H A T I L A P L A S I M P
B A H A Y A S K V N I N D O
Y N P O L I S I A K Q T P R
X B L I S E N S I A L A E T
J A L A N T B P G K N S T A
C K N M A R R E M I M Q A S
P A U R J J Y U U L K J N I
N R W L M W W U K U V Q Z X
S E P E D A M O T O R T D E
```

KECELAKAAN	PETA
TRUK	SEPEDA MOTOR
MOBIL	MOTOR
BAHAN BAKAR	PEJALAN KAKI
HATI	BAHAYA
JALAN	POLISI
REM	KEAMANAN
GARASI	TRANSPORTASI
GAS	LALU LINTAS
LISENSI	

2 - Atividades

```
W G E H P A K T I V I T A S
L B W G M E M A N C I N G B
B U J Z K E R A M I K N O B
X E K O F M E M B A C A S F
N F R I I C W I A M A R I D
N C M K S F J N N I W E H F
K S S R E A S A L A N L I O
E S E N I B N T E O R A R T
A T U I Z M U L Y F C K N O
H H I K I N G N Y Z M S T G
L R E K R E A S I B A A T R
I K E R A J I N A N E S Z A
A V B E R B U R U L I I Y F
N K E S E N A N G A N X G I
```

SENI
KERAJINAN
AKTIVITAS
BERBURU
HIKING
KERAMIK
FOTOGRAFI
KEAHLIAN
MINAT

BERKEBUN
PERMAINAN
REKREASI
MEMBACA
SIHIR
MEMANCING
LUKISAN
KESENANGAN
RELAKSASI

3 - Churrascos

```
W  S  A  L  A  D  V  L  Z  H  G  M  L  C
P  G  Q  P  K  E  L  A  P  A  R  A  N  A
M  A  K  A  N  S  I  A  N  G  I  Q  E  M
S  N  M  N  I  A  T  K  X  S  L  L  M  U
G  A  R  A  M  U  A  O  Z  W  L  Y  A  S
T  K  Y  S  I  S  Y  T  M  A  E  U  K  I
V  Q  B  U  A  H  A  K  I  A  A  N  A  M
L  A  D  A  R  C  M  E  B  I  T  D  N  P
A  D  L  K  P  A  V  L  F  H  B  A  M  A
M  Q  O  G  C  N  N  U  O  M  Z  N  A  N
P  E  R  M  A  I  N  A  N  U  G  G  L  A
J  W  P  I  S  A  U  R  X  S  N  A  A  S
U  H  J  M  C  T  N  G  M  I  W  N  M  O
N  M  C  M  G  Q  W  A  J  K  K  M  C  Z
```

MAKAN SIANG	PERMAINAN
UNDANGAN	SAYURAN
ANAK	SAUS
PISAU	MUSIK
KELUARGA	LADA
KELAPARAN	PANAS
AYAM	GARAM
BUAH	SALAD
GRILL	TOMAT
MAKAN MALAM	MUSIM PANAS

4 - Pesca

```
L C D Z P R X F W M R I P K
K F F A L E F R C U A Z E E
B W E S N R R M Q S H S Z S
B K U I T A T A F I A I B A
J E K A I T U X L M N R E B
Z R R N T B U X C A G I R A
P A O L T L U V W S T P A R
B N U Q E V S Y O R Z A T A
K J R B S B P E R A H U N N
A A T Z K C I N S A N G P L
W N M A S A K H S O D P N A
A G A I R L S P A N T A I U
T E P S U N G A I N B L T T
Z F O D U M P A N N B R I J
```

AIR
SIRIP
PERAHU
INSANG
KERANJANG
MASAK
PERALATAN
BERLEBIHAN
KAWAT
KAIT

UMPAN
DANAU
RAHANG
LAUT
KESABARAN
BERAT
PANTAI
SUNGAI
MUSIM

5 - Geologia

```
G G E M P A B U M I B G T K
U S N U Z F E G B D S Z H R
N G U D O O N U A O G P B I
U M S C N S U Y V R Y G Y S
N I T J A I A M Z E A Y V T
G N A F I L A H A R Z M E A
B E L S T A L A G M I T R L
E R A V K U A R S A O O O E
R A K K A I P B A T U I S U
A L T P L Y I Z A S A M I D
P P I U S J S K A R A N G J
I G T D I O A Y E N B F N Y
M O G G U A N N H Q M Z F Y
A X M G M T C S I K L U S D
```

ASAM	STALAGMIT
LAPISAN	FOSIL
GUA	LAHAR
KALSIUM	MINERAL
SIKLUS	BATU
BENUA	KUARSA
KARANG	GARAM
KRISTAL	GEMPA BUMI
EROSI	GUNUNG BERAPI
STALAKTIT	ZONA

6 - Tempo

```
M  T  T  F  C  J  C  M  Q  B  U  L  A  N
A  A  H  A  K  A  L  E  N  D  E  R  I  Y
S  H  A  D  H  X  C  E  D  S  K  W  M  D
A  U  R  H  V  U  Y  I  I  M  E  N  I  T
D  N  I  J  A  M  N  O  I  A  M  M  N  S
E  L  H  E  C  R  S  A  I  L  A  M  G  E
P  A  G  I  Y  Z  I  E  N  A  R  S  G  B
A  S  I  A  N  G  L  I  K  M  I  O  U  E
N  S  E  T  E  L  A  H  N  A  N  G  V  L
Y  A  A  B  F  E  V  L  A  I  R  N  B  U
A  A  B  B  R  Y  W  H  M  X  E  A  G  M
U  T  A  X  Y  H  D  L  A  J  K  V  N  A
O  T  D  Z  D  A  S  A  W  A  R  S  A  G
O  A  U  T  F  X  T  I  W  I  U  D  Z  M
```

SEKARANG	JAM
TAHUN	PAGI
SEBELUM	SIANG
TAHUNAN	BULAN
KALENDER	MENIT
SETELAH	SAAT
DASAWARSA	MALAM
HARI	KEMARIN
MASA DEPAN	MINGGU
HARI INI	ABAD

7 - Astronomia

```
E  M  E  T  E  O  R  K  A  Q  O  L  S  R
C  Q  W  E  R  R  J  O  S  K  B  A  U  A
J  B  U  X  R  X  N  N  T  O  S  N  P  D
P  V  Z  I  D  L  N  S  R  S  E  G  E  I
T  P  L  A  N  E  T  T  O  M  R  I  R  A
M  E  O  S  A  O  X  E  N  O  V  T  N  S
X  O  E  T  Z  C  X  L  O  S  A  E  O  I
S  H  Q  R  V  I  P  A  T  B  G  V  H
U  Q  C  O  R  Y  H  S  F  E  O  W  A  B
R  L  R  N  B  F  A  I  R  X  R  A  N  U
Y  J  J  O  U  R  O  K  E  T  I  W  R  M
A  J  F  M  L  K  O  N  E  B  U  L  A  I
G  E  R  H  A  N  A  P  J  D  M  A  S  V
Y  C  R  A  N  A  S  T  E  R  O  I  D  E
```

ASTEROID	BULAN
ASTRONOT	METEOR
ASTRONOM	NEBULA
LANGIT	OBSERVATORIUM
KONSTELASI	PLANET
KOSMOS	RADIASI
GERHANA	SURYA
EQUINOX	SUPERNOVA
ROKET	BUMI

8 - Circo

```
L U F C V H Q P S C Z P A S
Q N T Z M A P E S U L A P Y
S O I U W R L N B P R R H C
U P K Y E I Q O T N P A Q C
B O E J P M O N Y E T D C K
A I T K J A Y T I M W E N I
D S N C T U A O T E N D A C
U I P A X A G N H G A J A H
T N F B T Y K G R P I P K K
K G A B I A O U L M F E R O
H A D X I A N Z L E J R O S
S I H I R R B G K E R M B T
M E N G H I B U R J R E A U
B A L O N M U S I K C N T M
```

AKROBAT
BINATANG
BALON
TIKET
PARADE
PERMEN
GAJAH
MENGHIBUR
PENONTON
SPEKTAKULER

SINGA
MONYET
SIHIR
JUGGLER
PESULAP
MUSIK
BADUT
TENDA
HARIMAU
KOSTUM

9 - Acampamento

```
Q  F  I  B  E  R  B  U  R  U  T  J  X  P
F  G  V  A  I  Y  R  M  T  N  E  P  B  E
G  K  A  T  E  N  D  A  R  V  P  O  Z  T
G  Q  P  G  S  E  A  C  Z  U  X  H  Z  U
K  U  I  R  L  E  N  T  E  R  A  O  O  A
A  T  N  P  E  R  A  L  A  T  A  N  Q  L
B  A  G  U  D  Q  U  L  F  N  B  Q  E  A
I  S  H  L  N  A  L  A  M  I  G  I  P  N
N  I  U  E  V  G  T  K  H  H  Q  S  E  G
K  O  M  P  A  S  L  A  M  J  R  U  T  A
H  U  T  A  N  U  K  N  L  A  A  J  A  N
B  U  L  A  N  X  T  O  P  I  G  E  V  B
T  Y  E  S  E  R  A  N  G  G  A  O  D  R
S  U  Z  T  H  E  G  N  M  T  R  A  Z  O
```

BINATANG	HUTAN
PETUALANGAN	API
POHON	SERANGGA
KOMPAS	DANAU
KABIN	LENTERA
BERBURU	BULAN
KANO	PETA
TOPI	GUNUNG
TALI	ALAM
PERALATAN	TENDA

10 - Emoções

```
P E R D A M A I A N J O M K
K E S E D I H A N O Q K A E
I Y X Y F B K B C G J E L T
K S A N T A I I Z N O B U E
E O I K E G E M B I R A A N
B E R S Y U K U R A C I F A
O P U A S C C E C F G K C N
S H D M E I I W T E N A N G
A M A R A H M N F M B N N A
N D W G E F S P T A K U T N
A Q D O K Q Q G A A E H X J
N X Z J P F I B U T K L O I
K E L E M B U T A N I P L C
K E B A H A G I A A N U G R
```

KEGEMBIRAAN
CINTA
KEBAHAGIAAN
KEBAIKAN
TENANG
ISI
MALU
BERSYUKUR
TAKUT

PERDAMAIAN
AMARAH
SANTAI
PUAS
SIMPATI
KELEMBUTAN
KEBOSANAN
KETENANGAN
KESEDIHAN

11 - Ficção Científica

```
K  R  P  X  P  F  T  A  D  R  B  M  L  M
M  E  L  Y  Q  A  D  B  U  B  O  R  Q  Y
I  M  A  J  I  N  E  R  N  L  U  B  M  B
M  G  N  B  H  T  D  T  I  E  F  K  O  Q
E  D  E  I  E  A  I  E  A  D  U  N  U  T
D  G  T  O  Y  S  S  K  U  A  T  O  M  N
I  L  U  S  I  T  T  N  T  K  U  C  Z  L
G  E  F  K  O  I  O  O  O  A  R  L  O  H
T  A  K  O  P  S  P  L  P  N  I  A  R  V
Z  Y  L  P  A  I  I  O  I  I  S  J  A  P
A  P  I  A  T  V  A  G  A  Z  T  T  C  P
J  A  U  H  K  G  L  I  V  I  I  Q  L  Y
D  E  K  U  I  S  G  A  I  B  K  S  E  I
Z  S  V  L  E  S  I  E  K  S  T  R  E  M
```

ATOM	ILUSI
BIOSKOP	IMAJINER
JAUH	BUKU
DISTOPIA	GAIB
LEDAKAN	DUNIA
EKSTREM	ORACLE
FANTASTIS	PLANET
API	ROBOT
FUTURISTIK	TEKNOLOGI
GALAKSI	UTOPIA

12 - Mitologia

```
P E J U A N G P C W S E Q G
M T M P A F B E V Q Y A W K
R R E I O R U T K T G M U P
R K O A T L D I K C P C T L
B E N C A N A R E D Z L S V
Q H T N X W Y D Y O B W N V
D O Y I K H A M A K H L U K
K E K U A T A N K S Y Q F U
P A H L A W A N I C A M A F
G U N T U R K L N R O R N Z
L A B I R I N R A K A S A N
H L I O Q M I R N M Q U E O
J D L B Q G L E G E N D A U
G X H S P E R I L A K U X F
```

POLA DASAR	PAHLAWAN
PERILAKU	LABIRIN
KEYAKINAN	LEGENDA
MAKHLUK	GAIB
BUDAYA	RAKASA
BENCANA	FANA
KEKUATAN	PETIR
PEJUANG	GUNTUR

13 - Medições

```
D V P Z H N X G B O U U B R
K E T M Z T X C W E G D Y L
W E S U X C Y Q G X R X T E
Y D D I N C I X K I A A E B
F A E A M E T E R B M P T A
V U K Z L A H Z D F L G C R
M L I E F A L I T E R A F K
A G L V K X M P A N J A N G
S L O N S X X A E Q O H V T
S E M E N I T O N X B Z O I
A S E N T I M E T E R H L N
G Q T F D E R A J A T C U G
I X E V G K I L O G R A M G
I M R X O M N I Q P T P E I
```

TINGGI	METER
BYTE	MENIT
SENTIMETER	ONS
PANJANG	BERAT
DESIMAL	INCI
GRAM	KEDALAMAN
DERAJAT	KILOGRAM
LEBAR	KILOMETER
LITER	TON
MASSA	VOLUME

14 - Plantas

```
P  L  I  A  Y  U  H  S  B  A  M  B  U  D
H  U  T  A  N  V  S  G  O  E  O  H  E  E
K  M  Z  J  B  O  E  Y  T  F  R  E  T  D
G  U  W  J  Q  I  G  Z  A  L  Q  R  I  A
R  T  Z  L  S  V  K  P  N  O  D  B  Y  U
P  V  I  K  E  Y  H  A  I  R  P  A  K  N
P  O  Q  T  M  R  K  A  C  A  N  G  E  A
U  A  H  W  A  J  Y  K  C  D  O  G  L  N
E  U  E  O  K  U  K  A  G  Z  L  K  O  F
E  F  L  I  N  P  B  R  S  H  G  J  P  I
G  J  K  A  K  T  U  S  Z  E  Z  K  A  P
R  U  M  P  U  T  N  P  G  D  E  P  K  S
Q  W  L  D  C  O  G  J  U  X  C  S  H  C
C  V  E  G  E  T  A  S  I  K  E  B  U  N
```

SEMAK	FLORA
POHON	HUTAN
BERRY	DEDAUNAN
BAMBU	RUMPUT
BOTANI	IVY
KAKTUS	KEBUN
HERBA	LUMUT
KACANG	KELOPAK
PUPUK	AKAR
BUNGA	VEGETASI

15 - Veículos

```
M  S  E  T  K  T  R  U  K  B  W  E  E  A
O  H  R  P  A  A  V  D  S  A  C  V  P  M
T  U  C  H  Y  E  P  T  D  N  Q  D  Z  B
O  T  A  K  S  I  T  A  S  E  V  A  N  U
R  T  S  E  P  E  D  A  L  H  A  G  C  L
P  L  G  B  M  Q  K  B  B  S  M  E  M  A
F  E  R  I  F  I  I  B  I  K  E  D  P  N
R  F  R  R  K  C  C  A  S  K  P  L  N  S
U  M  O  A  A  P  E  S  A  W  A  T  A  Y
S  X  K  D  H  K  P  K  U  Q  R  L  Q  M
C  C  E  F  N  U  I  U  N  I  G  O  Z  O
M  O  T  S  D  Q  W  T  Q  I  X  G  J  B
K  A  F  I  L  A  H  E  X  B  R  C  E  I
T  R  A  K  T  O  R  R  S  M  Y  Z  B  L
```

AMBULANS	RAKIT
PESAWAT	SKUTER
FERI	MOTOR
PERAHU	BIS
SEPEDA	BAN
TRUK	KAPAL SELAM
KAFILAH	TAKSI
MOBIL	SHUTTLE
ROKET	TRAKTOR
VAN	

16 - Restaurante # 2

```
S G H E M K S U N X B U A H
E K A M A T S I Q S R I I R
N M G R K P A V O B H Z R E
D Z C B A E L G K U R S I M
O K O P N M A A L Z D O M P
K P O J M B D R E V O Q A A
M I E P A U F P Z X G E K H
F I Z L L K M U A T Y S A R
S N N I A A R K T Z Y A N E
O C N U M Y Y L Z L B Y S M
U H C E M P A G E A O U I P
I K A N S A V N K U E R A A
X F V P U Y N D R F G A N H
N L H D P O K W A C Y N G W
```

MAKAN SIANG   PELAYAN
PEMBUKA   GARPU
AIR   ES
MINUMAN   MAKAN MALAM
KUE   SAYURAN
KURSI   MIE
SENDOK   IKAN
LEZAT   GARAM
REMPAH-REMPAH   SALAD
BUAH   SUP

17 - Países #2

```
N  X  B  L  A  L  B  A  N  I  A  L  N  Y
V  F  D  G  I  J  A  M  A  I  K  A  N  M
G  I  R  N  E  B  H  A  I  T  I  F  P  Q
J  L  V  J  E  P  A  N  G  H  Z  F  E  I
U  K  R  A  I  N  A  N  E  P  A  L  R  I
P  A  K  I  S  T  A  N  O  O  Z  Q  A  N
L  Q  X  M  R  C  G  Y  W  N  D  X  N  D
U  A  Y  E  U  H  Y  U  U  R  N  I  C  O
G  T  O  K  S  D  E  N  M  A  R  K  I  N
A  R  K  S  I  L  X  A  K  A  U  Y  S  E
N  U  S  I  A  V  V  N  N  O  X  C  T  S
D  G  Z  K  Q  G  N  I  G  E  R  I  A  I
A  I  W  O  S  O  M  A  L  I  A  J  M  A
S  U  R  I  A  H  I  R  L  A  N  D  I  A
```

ALBANIA	LIBANON
DENMARK	MEKSIKO
PERANCIS	NEPAL
YUNANI	NIGERIA
HAITI	PAKISTAN
INDONESIA	RUSIA
IRLANDIA	SURIAH
JAMAIKA	SOMALIA
JEPANG	UKRAINA
LAOS	UGANDA

18 - Cozinha

```
G F U F G B K E N D I G S Z
R R O A I S E N D O K N N Q
B E I V I I T S P O N S C D
H E K L E C E L E M E K A G
W Z B U L N L K S Z K M N H
R E M P A H R E M P A H G P
B R A G A R P U S C A B K I
G V N E Z L I D K T R W I S
W S G V O N T S K M E Z R A
R R K E K T P E U N S H I U
J Y U R W I N R L M E N J I
X F K T Q W B B K D P R A F
I X H P Q B C E A E O I R B
I N K T G K X T S N S U T X
```

CELEMEK
KETEL
SENDOK
CANGKIR
REMPAH-REMPAH
SPONS
PISAU
OVEN
FREEZER

GARPU
KULKAS
GRILL
SERBET
JAR
KENDI
SUMPIT
RESEP
MANGKUK

19 - Brinquedos

```
A F G Z H F Z R C U L H K T
B O H P E S A W A T D C E A
R O U E Q U L V X Y X P R N
T G N P O A A C O B Z B A A
I D L E U Q Y A D R U M J H
M M I R K K A C A T I U I L
A O J M C A N H K B F T N I
J Q B A U T G T R U K S A A
I W P I W E L A O K L E N T
N V O N L T A L B U C P B K
A R A A A W Y K O W Q E O M
S M R N P P A D T X E D L B
I C A T U R N N M N E A A I
W N S D I Y G P E R A H U A
```

TANAH LIAT	MOBIL
KERAJINAN	FAVORIT
PESAWAT	IMAJINASI
PERAHU	PERMAINAN
DRUM	BUKU
SEPEDA	LAYANG-LAYANG
BOLA	ROBOT
BONEKA	CAT
TRUK	CATUR

20 - Verão

```
K X F J C P V Z R M M B R U
T E M A N A A H M U I I E E
K B S K C L M A V S Z N L E
K E H H E Y K P L I I T A K
L U L Z L G B M I K O A K E
R P A U B Z E E L N N N S B
E W U V A E Q M C D G G A U
K C T H Q R E I B I C B S N
R U M A H L G S D I L P I O
E B U K U Y V A Q G R D U U
A V Z D L M E N Y E L A M W
S U R G J D V D F B S E A R
I F I H J M P A N T A I O N
T E D E F D S L X O U P L F
```

CAMPING
KEGEMBIRAAN
TEMAN
RUMAH
BINTANG
KELUARGA
KEBUN
REKREASI

BUKU
LAUT
MENYELAM
MUSIK
PANTAI
RELAKSASI
SANDAL

21 - Material de Arte

```
T  E  A  U  M  X  K  T  P  T  C  K  M  P
R  N  P  E  N  S  I  L  M  Y  N  E  I  E
C  H  W  A  R  N  A  K  W  B  K  R  N  N
L  T  J  H  S  I  K  A  T  C  R  T  Y  G
C  V  J  Y  Y  T  M  E  J  A  E  A  A  H
K  A  M  E  R  A  E  C  A  T  A  S  K  A
H  R  G  A  A  I  R  L  R  A  T  K  S  P
R  C  V  S  Q  P  F  N  A  I  I  U  L  U
R  A  W  E  S  U  M  O  N  R  V  R  L  S
B  N  N  L  L  T  G  P  G  R  I  S  X  K
T  A  N  A  H  L  I  A  T  Z  T  I  J  L
A  K  R  I  L  I  K  C  J  E  A  O  K  E
I  Z  B  S  M  P  N  J  D  S  S  K  H  M
T  I  N  T  A  G  H  W  Z  I  C  M  I  O
```

AKRILIK	WARNA
PENGHAPUS	KREATIVITAS
CAT AIR	SIKAT
TANAH LIAT	PENSIL
AIR	MEJA
KURSI	MINYAK
ARANG	KERTAS
EASEL	PASTEL
KAMERA	TINTA
LEM	CAT

22 - Números

```
D E L A P A N B E L A S A D
V E N K Q W E E A T D E F E
T D R D Y Q M T W U T U R L
T U J U H P P K J D I A A
F A B A R E A B M U E D G P
B B C P Y M T P R H S R R A
G E U U B P S E M B I L A N
C L L L Q A S F U E M S N V
Q A V U E T H E F L A E G G
K S W H C B M N H A L P X Y
T I G A B E L A S S Z U T N
N V S T C L I M A B E L A S
H O X G N A M J T H Z U H T
N I L V M S A U U I G H W J
```

LIMA	EMPAT
DESIMAL	LIMA BELAS
SEPULUH	ENAM
TUJUH BELAS	TUJUH
DELAPAN BELAS	TIGA BELAS
DUA	TIGA
DUA BELAS	SATU
SEMBILAN	DUA PULUH
DELAPAN	NOL
EMPAT BELAS	

23 - Ferramentas

```
T M P X U X L A K G Q D R Z
O A B A U T Y E A U E L E M
J L N D L G G H P N R K T V
G L Z G K U C I A T T A L I
U E B Z G J H M K I X B P P
U T F D M A O L T N U E J I
O M G U A J N W T G M L D S
P I S A U C U K U R O D A A
Q B Z T W E S E K O P W P U
M F M T A J E T Q B I J T D
Y A U W K P Z D B O U K E U
B A T G A W L X D R D P Z W
C L Z Q R K N E P O K O K D
Z S R D P L O I R T A N G U
```

TANG

KABEL

LEM

TALI

TANGGA

PISAU

STAPLER

POKOK

KAPAK

MALLET

PALU

PISAU CUKUR

BAUT

SEKOP

RODA

GUNTING

OBOR

24 - Especiarias

```
J  I  N  T  E  N  P  G  K  J  G  Q  Z  C
T  X  L  I  C  O  R  I  C  E  A  X  Y  V
A  S  A  M  N  O  Q  Z  H  R  R  T  C  O
L  J  Z  Q  I  E  K  P  F  N  A  M  G  V
K  A  V  A  N  I  L  A  O  M  M  L  L  Q
E  H  D  D  M  F  T  F  R  L  H  Y  N  X
T  E  K  A  Y  U  M  A  N  I  S  Z  I  R
U  A  A  S  K  S  K  U  N  Y  I  T  B  A
M  W  A  B  E  K  A  P  U  L  A  G  A  S
B  B  A  W  A  N  G  P  U  T  I  H  W  A
A  B  A  N  I  S  E  R  A  W  K  H  A  K
R  D  Y  U  Y  T  D  L  K  H  X  R  N  W
M  A  N  I  S  G  G  U  I  Q  I  B  G  V
L  V  P  A  L  A  L  P  S  S  C  T  O  F
```

KUNYIT	BAWANG
LICORICE	KETUMBAR
BAWANG PUTIH	JINTEN
PAHIT	MANIS
ANISE	ADAS
ASAM	JAHE
VANILA	PALA
KAYU MANIS	LADA
KAPULAGA	RASA
KARI	GARAM

25 - Aniversário

```
Q  T  L  U  N  D  A  N  G  A  N  K  A  G
J  S  A  X  M  G  A  B  Z  A  D  U  U  C
F  C  G  H  M  P  U  Y  E  D  B  E  J  W
K  H  U  S  U  S  L  A  H  I  R  F  A  Q
A  U  G  M  D  N  T  R  N  B  X  K  H  C
L  C  Z  T  A  S  I  E  M  B  Q  A  A  P
E  I  H  K  E  R  E  B  M  T  L  R  R  Z
N  W  X  K  R  W  U  N  J  A  Q  T  I  P
D  Z  H  M  M  H  M  H  A  X  N  U  R  H
E  P  E  R  A  Y  A  A  N  N  R  C  R  A
R  B  W  W  C  W  A  K  T  U  G  N  M  D
H  B  E  K  M  L  I  L  I  N  H  F  R  I
U  W  Z  P  V  U  V  Q  O  P  K  Y  X  A
K  E  B  I  J  A  K  S  A  N  A  A  N  H
```

TEMAN	HADIAH
TAHUN	KHUSUS
KUE	SENANG
KALENDER	MUDA
LAGU	LAHIR
KARTU	KEBIJAKSANAAN
PERAYAAN	WAKTU
UNDANGAN	LILIN
HARI	

26 - Casa

```
J  T  P  K  N  A  T  S  C  B  J  S  X  M
T  P  I  D  A  P  U  R  C  U  C  J  W  A
V  E  N  R  I  H  E  L  Z  G  K  K  P  N
O  R  T  F  A  N  J  E  N  D  E  L  A  D
M  P  U  L  Z  I  D  P  E  Y  B  S  G  I
E  U  P  E  R  A  P  I  A  N  U  A  A  K
B  S  G  A  R  A  S  I  N  O  N  P  R  A
E  T  C  E  R  M  I  N  C  G  K  U  B  R
L  A  N  G  I  T  L  A  N  G  I  T  U  P
Y  K  A  M  A  R  T  I  D  U  R  W  F  E
E  A  U  K  E  R  A  N  D  O  D  S  D  T
P  A  H  N  L  O  T  E  N  G  I  C  M  Q
J  N  R  D  C  R  O  L  P  C  G  B  E  C
T  G  C  D  V  I  A  H  F  X  R  S  U  W
```

PERPUSTAKAAN	PERAPIAN
PAGAR	MEBEL
KUNCI	DINDING
MANDI	PINTU
TIRAI	KAMAR TIDUR
DAPUR	LOTENG
CERMIN	KARPET
GARASI	LANGIT-LANGIT
JENDELA	KERAN
KEBUN	SAPU

27 - Vegetais

```
L B M E W L A B U B P B J B
O Z T E R O N G M R I A A A
B P D I N A R U E O K W H W
A L D D E T C T L K E A E A
K T M T B P I A E O M N I N
R U U L N D A M G L B G J G
S S B V K W R L U I A P F M
E B A Y A M T C J N N U O E
L H W L C D I O K T G T B R
E U A S A X C P A L K I D A
D S N M N D H A I M O H H H
R Z G J G O O S O I L V Q J
I J A M U R K E N T A N G Q
T O M A T P E T E R S E L I
```

LABU	JAMUR
SELEDRI	KEMBANG KOL
ARTICHOKE	KACANG
BAWANG PUTIH	BAYAM
KENTANG	JAHE
TERONG	LOBAK
BROKOLI	MENTIMUN
BAWANG	SALAD
WORTEL	PETERSELI
BAWANG MERAH	TOMAT

28 - Exploração

```
K  P  C  I  E  E  S  N  T  S  B  Y  H  J
E  E  T  E  K  A  D  K  G  B  E  B  G  L
M  N  G  T  B  A  R  U  U  B  P  A  D  Y
K  E  L  E  L  A  H  A  N  L  E  A  I  Q
H  M  D  B  M  A  U  L  V  I  R  K  K  A
T  U  L  A  A  B  B  W  N  A  G  T  E  H
O  A  Z  H  N  A  I  U  H  R  I  I  T  V
F  N  O  A  S  H  E  R  D  K  A  V  A  C
Z  B  R  S  X  A  Z  I  A  A  N  I  H  J
G  C  S  A  C  Y  P  J  Y  A  Y  T  U  A
K  E  B  E  R  A  N  I  A  N  N  A  I  U
S  Z  E  A  Y  J  Y  E  V  A  Q  S  Z  H
B  I  N  A  T  A  N  G  H  K  W  W  Z  Z
G  D  N  C  A  V  S  S  X  R  U  A  N  G
```

BINATANG	KELELAHAN
AKTIVITAS	KEGEMBIRAAN
KEBERANIAN	BAHASA
BUDAYA	BARU
PENEMUAN	BAHAYA
DIKETAHUI	LIAR
TEKAD	MEDAN
JAUH	BEPERGIAN
RUANG	

29 - Balé

```
W  B  K  O  M  P  O  S  E  R  S  T  A  D
C  E  K  S  P  R  E  S  I  F  O  F  F  P
Y  K  P  L  T  E  K  N  I  K  L  N  M  O
I  O  R  K  E  S  T  R  A  K  O  N  A  M
N  R  H  B  B  L  O  O  K  R  A  C  K  N
T  E  A  R  G  A  Y  A  Q  T  I  P  E  U
E  O  D  M  V  T  R  Y  A  S  T  G  A  A
N  G  I  U  A  I  M  K  N  S  N  O  H  R
S  R  R  S  M  H  R  E  H  C  A  R  L  T
I  A  I  I  B  A  L  E  R  I  N  A  I  I
T  F  N  K  N  N  S  M  K  D  G  J  A  S
A  I  T  E  P  U  K  T  A  N  G  A  N  T
S  P  R  A  K  T  E  K  F  V  U  R  Y  I
L  G  P  U  I  I  N  R  L  I  N  V  N  K
```

TEPUK TANGAN	ANGGUN
ARTISTIK	KEAHLIAN
BALERINA	INTENSITAS
KOMPOSER	MUSIK
KOREOGRAFI	ORKESTRA
PENARI	PRAKTEK
LATIHAN	HADIRIN
GAYA	IRAMA
EKSPRESIF	SOLO
SIKAP	TEKNIK

30 - Conservação

```
S  S  L  M  A  J  H  A  B  I  T  A  T  A
A  I  R  A  L  A  M  I  V  N  K  E  E  N
O  H  K  E  S  E  H  A  T  A  N  L  S  Y
R  M  H  L  E  K  G  R  O  K  X  O  I  L
G  E  I  T  U  O  G  Y  P  B  I  L  Y  M
A  N  J  C  D  S  D  S  W  S  P  F  D  V
N  G  A  B  L  I  N  G  K  U  N  G  A  N
I  U  U  U  Y  S  P  Z  V  N  Z  E  U  Y
K  R  G  R  H  T  I  O  K  V  V  B  R  B
W  A  S  S  E  E  K  L  L  H  S  R  U  O
X  N  W  S  T  M  Z  B  J  U  G  Q  L  D
Q  G  K  A  W  O  F  V  V  T  S  Y  A  F
A  I  P  E  S  T  I  S  I  D  A  I  N  N
P  E  N  D  I  D  I  K  A  N  L  E  G  R
```

LINGKUNGAN
AIR
SIKLUS
IKLIM
EKOSISTEM
PENDIDIKAN
HABITAT
ALAMI

ORGANIK
PESTISIDA
POLUSI
DAUR ULANG
MENGURANGI
KESEHATAN
HIJAU

31 - Adjetivos #1

```
L  A  R  O  M  A  T  I  K  P  T  M  E  N
M  A  I  D  E  N  T  I  K  E  M  O  S  W
U  L  M  O  D  E  R  N  J  N  Q  J  I  E
T  U  N  B  S  H  M  B  B  T  E  X  Z  I
L  W  X  V  A  M  A  M  B  I  S  I  U  S
A  G  L  S  J  T  T  S  T  N  T  M  R  S
K  G  A  U  A  W  E  E  L  G  I  E  P  E
B  E  M  I  O  U  K  X  R  Q  P  N  J  M
E  L  Q  A  B  E  S  A  R  O  I  A  U  P
R  A  Q  F  Z  W  O  E  L  P  S  R  J  U
A  P  L  S  G  O  T  K  R  H  X  I  U  R
T  P  G  A  R  T  I  S  T  I  K  K  R  N
E  Q  P  I  Z  V  S  O  D  D  U  C  V  A
D  E  R  M  A  W  A  N  S  V  V  S  E  A
```

MUTLAK	JUJUR
AMBISIUS	IDENTIK
AROMATIK	PENTING
ARTISTIK	LAMBAT
MENARIK	GAIB
BESAR	MODERN
GELAP	SEMPURNA
EKSOTIS	BERAT
TIPIS	SERIUS
DERMAWAN	

32 - Insetos

```
C A C I N G S X I R V N N C
B K P A K E E K E C O A J A
V U N H I L M G F A F R H P
H P Z O I A U G G H H M X U
K U T U R D T N L E B A H N
L K I E W Y S L R V N N W G
O U B R S B Z F E W G T B O
D P J F J U P D S G E I T N
O U J A N G K R I K N S F Y
B E L A L A N G F R G B B A
F O G A F R K U M B A N G M
Q O S Y R Z O K V B T Y Q U
L X O K C V U Y X U I A A K
T A W O N X A C G G S A X P
```

LEBAH	LARVA
KECOA	CAPUNG
KUMBANG	MANTIS
KUPU-KUPU	NGENGAT
JANGKRIK	CACING
RAYAP	NYAMUK
SEMUT	KUTU
BELALANG	APHID
LADYBUG	TAWON

33 - Paisagens

```
O X L N G U N U N G R A B G
C W T X Z Z L P M U A R A L
G U N U N G E S U A W W H E
I H L O P Z M E U L A F N T
P A N T A I B M R N A A Q S
T M B J L T A E S R G U U E
R U B A A B H N F J G A M R
U L N K U L K A P Y K Y I D
J K S D T B O N G U R U N L
N R L E R O A J X O Y W R D
T E L U K A S U S P N H U A
B U K I T Q I N V N K V A N
P Y Q H E R S G F S L E N A
W D L K A I R T E R J U N U
```

AIR TERJUN
GUA
BUKIT
GURUN
MUARA
GLETSER
TELUK
GUNUNG ES
PULAU
DANAU

LAUT
GUNUNG
OASIS
RAWA
SEMENANJUNG
PANTAI
SUNGAI
TUNDRA
LEMBAH

34 - Dança

```
B G E R A K A N T S P I K M
R S G O U K O V A I E N S U
A A Z R R S Z F M K K N T S
H V K O R E O G R A F I I I
M I U A R S G K R P P C O K
A S L X D W Q I B B C V I H
T U T V N E Z G K U R K N V
H A U I R A M A G U D L K R
B L R E M O S I M A C A H Y
T R A D I S I O N A L S Y Y
N M L A T I H A N C Z I X A
E K S P R E S I F S T K G T
S C P K A M E L O M P A T I
T U B U H J W M L G O K D D
```

AKADEMI
SENI
KLASIK
KOREOGRAFI
TUBUH
BUDAYA
KULTURAL
EMOSI
LATIHAN
EKSPRESIF

RAHMAT
GERAKAN
MUSIK
MITRA
SIKAP
IRAMA
MELOMPAT
TRADISIONAL
VISUAL

35 - Nutrição

```
Q V F A E P R O T E I N C F
P E N C E R N A A N Z A A E
P A H I T B N S A O I F I R
B G H M A I C H R F Y S R M
E K I S E I M B A N G U A E
R R E Z R J X H C U L M N N
A K Q S I O H F U O T A R T
T U D S E H A T N S X K A A
K A R B O H I D R A T A S S
M L S J Y M A N J U U N A I
V I T A M I N T L S D W X E
Y T H Q B B B U A V R I H O
N A K A L O R I Y N I H E H
B S B I S A D I M A K A N T
```

PAHIT   SAUS
NAFSU MAKAN   GIZI
KALORI   BERAT
KARBOHIDRAT   PROTEIN
BISA DIMAKAN   KUALITAS
DIET   RASA
PENCERNAAN   SEHAT
SEIMBANG   KESEHATAN
FERMENTASI   RACUN
CAIRAN   VITAMIN

36 - Disciplinas Científicas

```
M M A R L K H G N H M A K O
Z E S T A R K E O L O G I R
O V T N E U R O L O G I M D
O L R E K G I L X B G F I B
L I O S O S I O L O G I A I
O N N C L R Z G M T F S N O
G G O P O Y O I Q A K I A L
I U M G G R S L J N F O T O
W I I L I E M A O I G L O G
P S I K O L O G I G U O M I
V T B I O K I M I A I G I G
K I N E S I O L O G I I V L
H K M I N E R A L O G I F Y
T E R M O D I N A M I K A Z
```

ANATOMI
ARKEOLOGI
ASTRONOMI
BIOLOGI
BIOKIMIA
BOTANI
KINESIOLOGI
EKOLOGI
FISIOLOGI
GEOLOGI

LINGUISTIK
METEOROLOGI
MINERALOGI
NEUROLOGI
PSIKOLOGI
KIMIA
SOSIOLOGI
TERMODINAMIKA
ZOOLOGI

37 - Meditação

```
G B A N G U N T P A M K P P
P E A J A R A N I U E E E E
E N R K E B A I K A N S R R
R U V A E M O S I I T U S D
H H W Y K G Z Z R W A N P A
A O Y R Z A P D A V L Y E M
T G B U G M N S N Q C I K A
I L I S I K A P V T H A T I
A D X K E J E L A S A N I A
N P E N E R I M A A N O F N
S Y U K U R V R L B K S D I
G K A S I H S A Y A N G M Z
Y F B K E B I A S A A N B F
A L A M U S I K R I T F V J
```

PENERIMAAN
BANGUN
PERHATIAN
KEBAIKAN
KEJELASAN
KASIH SAYANG
EMOSI
AJARAN
SYUKUR
KEBIASAAN

MENTAL
PIKIRAN
GERAKAN
MUSIK
ALAM
OBSERVASI
PERDAMAIAN
PERSPEKTIF
SIKAP
KESUNYIAN

38 - Gatos

```
C T M E B B G Y M B P H Q Z
T A E Q H U G I A E L U C U
I C K T U L J Q L N I N R K
D P C A I U H C U A A T U E
U E E O R K C M L N R E F P
R N R U G S U Q H G E R S R
X A I P J D Z S K D H U C I
M S A I X G I W X I K R K B
A A I B Z V W U O X G T X A
N R V J E G Q T L V E Z H D
D A A J T P M U F G T D I I
I N N T E J N X V P W S J A
R C Q R Q E K O R F X W E N
I K A K I W K M R B M K U P
```

CERIA	MANDIRI
HUNTER	GILA
EKOR	TETIKUS
PENASARAN	KAKI
TIDUR	BULU
LUCU	KEPRIBADIAN
BENANG	LIAR
CAKAR	MALU

39 - Artes Visuais

```
L C N M A H A K A R Y A F P
K U F R Q K T O R N D A I F
R P K G Z W D M S F F N L K
E E V I W P X P I A K O M Y
A R A W S T P O T R E T T C
T S R N I A E S E F R E E O
I P T F P N N I K K A P U R
V E I M K A A S T E M J T C
I K S Y G H P I U S I F Q Q
T T R U D L E A R A K H U E
A I L I L I N J T A R A N G
S F X W N A S M W U U L L Q
L G U A K T I J D E N S C Z
P E R N I S L P R T M G T W
```

TANAH LIAT   FILM
ARSITEKTUR   FOTO
ARTIS   KAPUR
PENA   PENSIL
ARANG   MAHAKARYA
LILIN   PERSPEKTIF
KERAMIK   LUKISAN
KOMPOSISI   POTRET
KREATIVITAS   PERNIS
PATUNG

40 - Instrumentos Musicais

```
G V R C P C T R O M B O N S
I A S E L O T H R A I L O A
T I O C B T D E V N O V T K
A N H P I A N O R D L A V S
R Q Z W L B N H K O A E S O
X Q Z E V A Z A T L M C K F
B H S F I S R R D I S P Q O
M P B K D S G P R N E E E N
I B A N J O F A U Z R R G T
J S E E U O X V M C U K L Z
K L A R I N E T P M L U K P
H A R M O N I K A Z I S Q T
M A R I M B A J O G N I M A
R Y H P R N O N U Y G O N G
```

MANDOLIN	REBANA
BANJO	PERKUSI
KLARINET	PIANO
BASSOON	SAKSOFON
SERULING	DRUM
HARMONIKA	TROMBON
GONG	TEROMPET
HARPA	GITAR
MARIMBA	BIOLA
OBO	SELO

41 - Escola #1

```
A D G P J K T C M X X A G M
A M P Q Z G Q G Q R O O W A
L E D D V Y X V F Y B Z L K
F O L D E R L D I B G X R A
A P E O K G W U S U H J I N
B P E R P U S T A K A A N S
E E N H Q R R P E U B W I I
T N O L K U I S U J I A N A
E A M T S S K E I X Y B M N
T U O O J M I J Z A X A X G
E E R P I J C H B L N N C N
M N A M A T E M A T I K A L
A K E R T A S P E N S I L A
N S Z W V W K P U E P D F N
```

ALFABET	BUKU
MAKAN SIANG	MATEMATIKA
TEMAN	NOMOR
PERPUSTAKAAN	KERTAS
KURSI	FOLDER
PENA	GURU
UJIAN	KUIS
PENSIL	JAWABAN

42 - Adjetivos #2

```
P  K  U  A  T  T  B  K  R  S  P  J  N  D
B  A  S  I  N  E  A  R  M  U  R  N  I  E
E  A  N  T  R  R  N  E  D  L  O  A  A  S
R  S  R  A  W  K  G  A  K  K  D  V  B  K
B  D  D  U  S  E  G  T  O  O  U  X  X  R
A  Q  P  O  X  N  A  I  W  K  K  R  X  I
K  N  B  K  M  A  A  F  K  U  T  J  A  P
A  B  D  A  E  L  I  A  R  A  I  P  J  T
T  I  Y  S  N  R  C  Y  D  T  F  W  V  I
F  A  A  L  A  M  I  J  S  E  H  A  T  F
J  S  I  I  R  H  Q  N  G  B  A  R  M  S
H  A  I  U  I  E  L  E  G  A  N  Y  V  A
H  H  W  A  K  E  L  B  A  L  D  E  S  I
O  I  E  Y  Z  V  J  X  D  O  H  U  K  T
```

ASLI	BIASA
KREATIF	BARU
DESKRIPTIF	BANGGA
BERBAKAT	PRODUKTIF
ELEGAN	MURNI
TERKENAL	PANAS
KUAT	ASIN
TEBAL	SEHAT
MENARIK	KERING
ALAMI	LIAR

43 - Roupas

```
T R G H T S F H M T O P I B
S O O Z J E A N S R X P K Y
A S K K H P I Y A M A V A R
N A A W B A B X C G B C T G
D G L R L T H A M O D E P E
A Z U J U U D O J J C L I L
L I N N S N F U A U E E N A
E Q G H B Z G V S M L M G N
S W E T E R M T M P A E G G
K A U S K A K I A B N K A G
M Z B B V M C W N N A G N A
G O L Y C R Q I T G G Z G U
C H T C O N F J E W C A F N
F X T A T Y C X L F E C N C
```

CELEMEK	SARUNG TANGAN
BLUS	KAUS KAKI
CELANA	MODE
BAJU	PIYAMA
MANTEL	GELANG
TOPI	ROK
IKAT PINGGANG	SANDAL
KALUNG	SEPATU
JAS	SWETER
JEANS	GAUN

44 - Herbalismo

```
O F W L W K E B U N D B H L
X S G T G J U P K O S A I A
K E M A N G I A D A S H J V
R O S E M A R Y L N J A A E
B A W A N G P U T I H N U N
K E T U M B A R I M T G T D
T A N A M A N A M N M A Z E
K U N Y I T U S I E Z L S R
W Y B N U K M A R J O R A M
A R O M A T I K T X A S L B
Q T J U T A R R A G O N G U
W A C Q C G Y B Z G K G E N
I K E K P E T E R S E L I G
B E R M A N F A A T M P B A
```

KUNYIT
ROSEMARY
BAWANG PUTIH
AROMATIK
BERMANFAAT
KETUMBAR
TARRAGON
BUNGA
ADAS
BAHAN

KEBUN
LAVENDER
KEMANGI
MARJORAM
TANAMAN
KUALITAS
RASA
PETERSELI
TIMI
HIJAU

45 - Férias #1

```
R G Z K S K E D Q G N E K G
E S I R A N S E L Y Y F E M
L E R J G X Q R A K B D B A
A H P M X M E K O P E R E T
K N A E O X F V V F J X R A
S V Y K S B J B V D A N A U
A L U S O A I V H X K M N A
S A N P M H W L G Q G Y G N
I U G E V U J A D W A L K G
X D A D M E S T T A K C A E
L H T I K E T E T R E M T X
Q R P S D E Z T U R I S A Y
C W Q I W U L M Z M Q K N M
B E A C U K A I N U J J I V
```

BEA CUKAI   DANAU
PESAWAT   KOPER
TIKET   RANSEL
TREM   MATA UANG
MOBIL   MUSEUM
EKSPEDISI   KEBERANGKATAN
PAYUNG   RELAKSASI
JADWAL   TURIS

46 - Frutas

```
I  Y  W  G  D  H  U  F  C  N  Y  T  J  A
M  A  N  G  G  A  B  U  K  E  L  A  P  A
K  I  W  I  N  R  Q  U  V  C  R  K  R  L
C  X  W  G  A  A  G  M  C  T  N  I  A  P
A  P  I  R  N  E  P  I  S  A  N  G  S  U
J  P  B  L  A  C  K  B  E  R  R  Y  P  K
W  P  E  R  S  I  K  I  Q  I  A  A  B  A
T  T  R  L  L  E  M  O  N  N  F  N  E  T
P  Z  R  J  W  R  J  M  Q  E  W  G  R  Q
M  E  Y  A  P  R  I  K  O  T  J  G  R  U
M  Z  P  N  P  D  A  V  J  C  E  U  Y  F
E  U  I  A  R  V  T  Z  L  V  R  R  R  W
R  W  I  K  Y  C  B  O  L  X  U  R  E  A
L  K  L  I  U  A  M  W  D  B  K  Y  X  N
```

ALPUKAT	KIWI
NANAS	JERUK
BLACKBERRY	LEMON
BERRY	APEL
PISANG	PEPAYA
CERI	MANGGA
KELAPA	NECTARINE
APRIKOT	PIR
ARA	PERSIK
RASPBERRY	ANGGUR

47 - Corpo Humano

```
T  E  L  I  N  G  A  K  A  K  I  D  U  M
R  Z  R  T  L  V  L  U  E  C  U  I  M  L
W  R  E  S  R  Y  B  L  B  P  W  L  U  E
C  Y  Z  M  P  K  U  I  S  I  K  U  L  H
T  R  F  Q  M  H  W  T  P  G  B  A  U  E
F  I  A  U  K  N  M  H  A  T  I  I  T  R
C  T  B  T  D  A  H  I  I  A  C  S  R  A
M  J  F  M  A  T  A  U  S  D  A  R  A  H
B  X  F  Z  G  N  O  T  A  K  U  P  I  A
A  T  N  Z  U  D  G  S  H  E  Y  N  J  N
H  W  K  Z  D  V  J  A  W  P  T  S  G  G
U  E  R  K  S  J  A  B  N  A  D  C  E  G
U  K  L  P  F  S  R  N  A  L  Q  S  C  J
T  L  U  T  U  T  I  H  M  A  K  I  V  G
```

MULUT	HIDUNG
KEPALA	MATA
OTAK	BAHU
HATI	TELINGA
SIKU	KULIT
JARI	KAKI
LUTUT	LEHER
BIBIR	DAGU
RAHANG	DARAH
TANGAN	DAHI

48 - Restaurante #1

```
D P A K G F F A S P C K P O
S L Y O X P C L P E D A S O
M C A P X O A E I N R M E K
S G M I S L O R R C I B M Q
G R O T I A C G I U K A E O
P I S A U C U I N C A H N T
M P M R R G D S G I S A U T
R E S E R V A S I M I N V E
D L C E G G G B F U R A Z Z
Y A Q N O A I G M L V P K J
W Y P G M A N G K U K P Q Q
O A A U X C G Y D T W B B K
A N L Y R Y Q F P V B P N R
M W S M K K L J D T E E Y L
```

ALERGI
KOPI
KASIR
DAGING
DAPUR
PISAU
AYAM
PELAYAN
SERBET

BAHAN
MENU
SAUS
ROTI
PEDAS
PIRING
RESERVASI
PENCUCI MULUT
MANGKUK

49 - Caminhada

```
C M G N M S E P A T U B O T
U Y U O R I E N T A S I I Q
A U N M A T A H A R I V P N
C T U J O K E U I Q V R E G
A E N N T B C A P B K Z R Z
E C G L F H A W E N V Q S V
A T G O H B M H T W K X I X
L E L A H I P A N D U A N
E V I N K N I P L Y T I P T
T U A E W A N M A M A K A E
B E R A T T G C M K M L N B
V A Z O T A G Y I V A I R I
K G T V Z N V N X L N M O N
S Q U U T G P H K V P U A G
```

CAMPING	ORIENTASI
BINATANG	TAMAN
AIR	BATU
SEPATU BOT	TEBING
LELAH	BAHAYA
IKLIM	BERAT
PANDUAN	PERSIAPAN
PETA	LIAR
GUNUNG	MATAHARI
ALAM	CUACA

50 - Água

```
B  L  S  N  I  H  U  C  S  U  N  G  A  I
M  A  A  G  N  U  K  I  I  M  H  Q  E  B
U  U  D  X  O  F  E  B  T  Z  D  H  Z  A
A  T  S  A  G  E  L  O  M  B  A  N  G  N
P  F  Y  I  I  S  E  H  M  X  N  L  E  J
H  X  B  R  M  V  M  S  I  G  A  U  Y  I
S  H  D  I  S  F  B  T  A  G  U  D  S  R
S  U  C  G  B  K  A  N  A  L  H  T  E  I
Q  J  W  A  O  U  B  T  E  O  J  P  R  W
Z  A  U  S  O  E  A  F  X  I  U  U  T  R
B  N  D  I  P  E  N  G  U  A  P  A  N  Z
E  M  B  U  N  B  E  K  U  M  A  N  D  I
D  J  Y  X  G  O  U  R  C  A  S  D  O  F
C  Q  T  L  L  C  P  T  U  X  L  L  D  K
```

KANAL	IRIGASI
HUJAN	DANAU
MANDI	MUSIM
PENGUAPAN	SALJU
BADAI	LAUT
EMBUN BEKU	GELOMBANG
ES	SUNGAI
GEYSER	KELEMBABAN
BANJIR	UAP

51 - Sons

```
B Q U J W P B L A W O J B A
E P Y X S U P E L U I T I O
R S G L Q Z K P R E H F S M
T L I H Q Y I A Z U H O I F
E H W R G D S D W N L T K X
P Y V L E K V U J J B A E Y
U D R D B N D A V L E W N W
K S A A G A E N Q O R A W G
K S U A R A T S N N I C L K
E R A N G A N U M C S B L N
R K O N S E R A K E I B E K
A E T G E T A R A N K U R A
S C J I E G P A W G V W Y R
R E S O N A N A G E M A V Y
```

KERAS
PELUIT
BERTEPUK
KONSER
PADUAN SUARA
GEMA
ERANGAN
BERULANG
RESONAN

TAWA
BERISIK
LONCENG
SIRENE
BISIK
BATUK
GETARAN
SUARA

52 - Ecologia

```
F A U N A G I G T T S L A B
R E L A W A N L Z A O Y T E
V O A A L I Y O K N F O M R
H A B I T A T B O A U P R K
V K R J E L U A M M E E I E
J E N I S A A L U A C R L L
D G G I A M C F N N C B A A
N Z U E C S J L I N F E U N
B X Z N T U I O T W V D T J
M B G N U A S R A W A A I U
A L A M I N S A S U Z A K T
K W K N H H G I U S W N L A
K E K E R I N G A N O J I N
S U M B E R D A Y A X Q M J
```

IKLIM	ALAMI
KOMUNITAS	ALAM
PERBEDAAN	RAWA
JENIS	TANAMAN
FAUNA	SUMBER DAYA
FLORA	KEKERINGAN
GLOBAL	BERKELANJUTAN
HABITAT	VARIASI
LAUT	VEGETASI
GUNUNG	RELAWAN

53 - Família

```
J  N  X  M  R  F  A  U  E  Z  Z  T  O  E
Z  E  A  P  T  P  T  P  A  M  A  N  D  O
L  N  Y  K  D  C  P  K  Y  Q  E  A  N  W
E  E  S  E  P  U  P  U  A  E  Q  K  O  O
L  K  A  K  E  K  K  Q  H  I  Z  W  L  H
U  E  U  N  S  X  Z  X  X  S  Y  I  H  D
H  P  D  N  A  K  E  M  B  A  R  B  B  D
U  O  A  L  Q  K  E  S  U  A  M  I  U
R  N  R  N  X  I  H  A  O  D  E  V  B  M
R  A  A  O  C  U  S  A  G  A  Q  K  I  Y
V  K  G  H  M  B  K  T  X  R  U  G  J  J
W  A  T  N  Z  M  Y  B  R  I  V  V  W  W
V  N  K  L  P  C  F  C  U  I  E  E  J  K
J  B  Z  Q  Y  W  L  E  P  C  U  C  U  Q
```

LELUHUR	SUAMI
NENEK	IBU
KAKEK	CUCU
ANAK	AYAH
ISTRI	SEPUPU
KEMBAR	KEPONAKAN
SAUDARI	BIBI
SAUDARA	PAMAN

54 - Férias #2

```
F O T O R O N P T X F T R R
C G U N U N G A E Y R O A E
O V J L H R W N N P R E N S
W Q U H F R M T D A E X O E
A J A H O P N A A S S T R R
I P N D U T L I X P T U A V
P U L A U L E N P O O Y N A
L Z Y J P Q K L X R R J G S
I U P E R J A L A N A N A I
B O T E W P J A W U N V S F
U B A N D A R A F T T I I X
R E K R E A S I H R I S N H
A L S D U X H W S K K A G T
N I I D Q Q A Q J T O H L E
```

BANDARA	GUNUNG
TUJUAN	PASPOR
ORANG ASING	PANTAI
LIBURAN	RESERVASI
FOTO	RESTORAN
HOTEL	TAKSI
PULAU	TENDA
REKREASI	PERJALANAN
PETA	VISA
LAUT	

55 - Edifícios

```
D R G L X B I O S K O P L H
S U P E R M A R K E T E A O
E M U S E U M C R B E R B T
K A B V Q L O H B N A T O E
O H G N P Y B S Q F T A R L
L S K A P A R T E M E N A O
A A Q X C X V J B S R I T G
H K I M P D G I R T L A O P
C I J K E D U T A A N N R G
T T Y T E N D A J D O E I A
P A B R I K A S T I L L U R
H P O M O P N R Z O W F M A
U S M R P U G X A N E T P S
O B S E R V A T O R I U M I
```

APARTEMEN

KASTIL

GUDANG

BIOSKOP

KEDUTAAN

SEKOLAH

STADION

PERTANIAN

PABRIK

GARASI

RUMAH SAKIT

HOTEL

LABORATORIUM

MUSEUM

OBSERVATORIUM

SUPERMARKET

TEATER

TENDA

MENARA

56 - Ferramentas de Cozinha

```
I  S  F  N  Q  Q  L  B  L  S  O  A  N  T
N  Z  V  G  S  D  F  G  N  T  K  L  R  F
Q  M  R  I  G  A  R  P  U  U  K  A  X  S
X  X  J  S  T  E  R  M  O  M  E  T  E  R
K  U  L  K  A  S  B  I  R  V  T  M  T  B
U  T  C  O  S  F  S  L  N  N  E  A  K  O
B  J  E  V  D  E  M  T  E  G  L  K  O  X
T  U  T  U  P  A  N  V  C  N  A  A  M  P
H  I  A  H  I  V  G  D  K  S  D  N  P  A
J  C  N  T  S  D  U  F  O  S  Z  E  O  R
I  E  Y  M  A  D  M  O  V  K  R  B  R  U
B  R  Q  F  U  E  T  Q  E  W  A  R  K  T
S  B  T  S  U  D  I  P  N  Q  G  L  S  A
G  U  N  T  I  N  G  B  S  D  M  W  X  N
```

KETEL	GARPU
SARINGAN	KULKAS
SENDOK	BLENDER
SUDIP	PARUTAN
JUICER	ALAT MAKAN
PISAU	TUTUP
KOMPOR	TERMOMETER
OVEN	GUNTING

57 - Xadrez

```
B O D K D F K N U K K S P S
V K I B Y D Z O S K D H E T
O U A T U R A N N A C A N R
Y P G P U T I H I T A M G A
S W O R E W A K T U E M O T
L R N S P R O L S P S S R E
J U A R A A M R A M P I B G
U H L J Y T R A L W R J A I
K W I F P U Q O I Z A Y N W
K P A S I F N I U N J N A W
P O I N J U N P E M A I N R
T A N T A N G A N T U N W D
T U R N A M E N N P E R G U
J X D J G G G B Z W N A G J
```

PUTIH
JUARA
KONTES
TANTANGAN
DIAGONAL
STRATEGI
PEMAIN
PERMAINAN
LAWAN

PASIF
POIN
HITAM
RATU
ATURAN
RAJA
PENGORBANAN
WAKTU
TURNAMEN

58 - Aventura

```
C D H J L K O A W A H H C K
T E M A N K E H C L S W Z E
U J X K P E R S I A P A N A
J A D W A L X L U M G G I M
U R I I V S W E M L T Q B A
A N T U S I A S M E I F I N
N A V I G A S I H P D T J A
A K T I V I T A S E A U A N
T A N T A N G A N L K D P N
F I N J A Q O S Y U B A T S
T B E R B A H A Y A I A B R
P E S I A R C G V N A H R W
O E F Z O F L J Z G S I X U
K E S E M P A T A N A N V H
```

TEMAN	JADWAL
AKTIVITAS	ALAM
KESEMPATAN	NAVIGASI
TANTANGAN	BARU
TUJUAN	PELUANG
KESULITAN	BERBAHAYA
ANTUSIASME	PERSIAPAN
PESIAR	KEAMANAN
TIDAK BIASA	

59 - Surf

```
A F U A P N Y A N Y Z O G R
T N Q P E K S T R E M W F R
Q K C Y M E P L T J U A R A
R E T L U C M E L A M B A I
L R P B L E S T P B U S A K
K A C A A P V S E B L F H D
E M U S N A Y Q R R P M Y H
K A A T Z T O U U H U D V R
U I C J Y A A V T E S M G R
A A A J M N V I G A Y A B Y
T N U O U S W G H P E F D U
A J H Q A L P F R K L K B H
N G G C J C N L B O R F K K
P O P U L E R B D V X B F Z
```

ATLET	LAUT
JUARA	MELAMBAI
BUSA	POPULER
GAYA	PANTAI
PERUT	PEMULA
EKSTREM	KECEPATAN
KEKUATAN	TERUMBU
KERAMAIAN	CUACA

60 - Floresta Tropical

```
A P E L E S T A R I A N A M
W B E R H A R G A S B E L E
A H O M A M A L I A I R A N
N A U N G A N U N J K H M G
L U M U T B T P T E L U A H
K D H Y Y B O T A N I T S O
O G E P B N L A L I M A L R
M A M F I B I N T S I N I M
U F U P U V L G G N C Y B A
N L F N F E L X F G W T U T
I X D Y G E J B J O C H R I
T R E S T O R A S I N W U O
A S R I P E R B E D A A N E
S R S R B U S E R A N G G A
```

AMFIBI	ALAM
BOTANI	AWAN
IKLIM	BURUNG
KOMUNITAS	PELESTARIAN
PERBEDAAN	NAUNGAN
JENIS	MENGHORMATI
ASLI	RESTORASI
SERANGGA	HUTAN
MAMALIA	BERHARGA
LUMUT	

61 - Cidade

```
O  S  M  N  F  C  G  Y  Q  Z  C  Y  B  T
O  U  E  B  A  N  D  A  R  A  T  M  A  O
B  P  S  L  R  E  S  T  O  R  A  N  N  K
I  E  Z  T  M  U  S  E  U  M  B  N  K  O
O  R  P  S  A  L  O  N  T  H  Q  E  P  B
S  M  Q  T  S  D  W  K  Y  G  O  N  J  U
K  A  K  L  I  N  I  K  D  A  V  T  S  K
O  R  P  S  J  D  S  O  W  L  C  F  E  U
P  K  P  J  M  B  Z  L  N  E  O  M  K  L
A  E  F  L  O  R  I  S  T  R  D  D  O  Y
S  T  E  A  T  E  R  D  J  I  V  Y  L  P
A  Q  P  E  R  P  U  S  T  A  K  A  A  N
R  T  O  K  O  R  O  T  I  G  I  J  H  Z
U  N  I  V  E  R  S  I  T  A  S  T  G  O
```

BANDARA	HOTEL
BANK	TOKO BUKU
PERPUSTAKAAN	PASAR
BIOSKOP	MUSEUM
KLINIK	TOKO ROTI
SEKOLAH	RESTORAN
STADION	SALON
FARMASI	SUPERMARKET
FLORIST	TEATER
GALERI	UNIVERSITAS

62 - Matemática

```
G H L D I A M E T E R M P T
E I I D C P O L I G O N E E
O T N F A P A M I J T A R G
M U G R G U E R Z U E C S A
E N K A A L S R A M U Y E K
T G A D S F E T S L F K G L
R O R I U R G G U A E Q I U
I M L U D A I T I H M L L R
C P Q S U K T J P Z K A U U
B S Q V T S I M E T R I A S
K U S V U I G V O L U M E N
K C B T D T A D E S I M A L
P E R I M E T E R F M B E L
P A R A L L E L O G R A M O
```

HITUNG	PERIMETER
SUDUT	TEGAK LURUS
LINGKAR	POLIGON
DESIMAL	PERSEGI
DIAMETER	RADIUS
PERSAMAAN	SIMETRI
FRAKSI	JUMLAH
GEOMETRI	SEGITIGA
PARALEL	VOLUME
PARALLELOGRAM	

63 - Natureza

```
P E N A M P U N G A N I P B
W C G L E T S E R D K D B I
D E M H M Z R O Y A F M F L
G E E R O S I O Z E H V W W
U S D U C E R M P L E B A H
R U B A S M N Q U I A M K L
U N I R U X Y A V A S W D W
N G N K A N I W G R I H A F
H A A T K M A T E N A N G N
U I T I A S K N G U N U N G
T M A K E C A N T I K A N R
A B N T C T B D I N A M I S
N X G V M P U L Q A N W Y I
J Q A M V I T A L W H U B F
```

LEBAH   GLETSER
PENAMPUNGAN   GUNUNG
BINATANG   KABUT
ARKTIK   AWAN
KECANTIKAN   TENANG
GURUN   SUNGAI
DINAMIS   SUAKA
EROSI   LIAR
HUTAN   TROPIS
DEDAUNAN   VITAL

64 - Preencher

```
N J K M E A B K O T A K L E
B S C I G M A O M C E P E G
L A C R F P K P T A B U N G
A K R K V L I E B O M Q S X
C U G E N O E R A F L U A C
I Q A R L P X Q S H C R S E
M V Y A U R E F K M Y Y B V
G V G N Y G M T O D K E S F
L A T J I P M C M R N M Y V
O S M A M D K A P A L B T I
T U R N X L I W P O E E A K
J H I G P A K E T J P R S I
H I C U J F R V V S Q A H Y
W I J F P L H D J A R G K Z
```

BASKOM   LACI
EMBER   JAR
BAKI   KOPER
BAREL   KAPAL
SAKU   PAKET
KOTAK   MAP
KERANJANG   TAS
AMPLOP   TABUNG
BOTOL   VAS

65 - Animais de Estimação

```
M C X O G H N X U C A K A R
H Y I F B C B L P O O A E D
C H F Y D F C L E X I M K O
I S L M M U M U N N W B A K
K E A G A V I R Y D W I D T
A A K P U P P Y U K R N A E
N E N O I Y F E I S K G L R
A Q H J R J I D F G U K L H
X T E T I K U S E Q C E B E
Y K E L I N C I I C I R H W
V Z N F C I G V D Q N A Z A
H A M S T E R S Y D G H C N
B U R U N G B E O A I R F B
K M H H T C A L H R I A W P
```

AIR
KAMBING
PUPPY
EKOR
ANJING
KELINCI
KERAH
CAKAR
KUCING

HAMSTER
KADAL
TETIKUS
BURUNG BEO
IKAN
PENYU
SAPI
DOKTER HEWAN

66 - Escalada

```
S A R U N G T A N G A N D K
P A N D U A N F P F O D Y E
P Y J P N H G J H M A P S I
T J E M P L X U R L B K U N
H A Y M P I Q W A W D E A G
E E N S E P A T U B O T S I
W Y L T T U W O M H K I A N
F T P M A I D C E I E N N T
I B H H F N Q Q D K K G A A
S E M P I T G T A I U G W H
I U X J U N W A N N A I S U
K H V Q B W G Q N G T A L A
S T A B I L I T A S A N D N
E F A G C S V M E K N E D K
```

KETINGGIAN
SUASANA
SEPATU BOT
HIKING
HELM
GUA
KEINGINTAHUAN
TANTANGAN
AHLI

STABILITAS
SEMPIT
FISIK
KEKUATAN
PANDUAN
SARUNG TANGAN
PETA
MEDAN

67 - Aviões

```
S  A  N  I  F  H  T  Y  L  J  E  R  S  P
E  R  M  S  Y  K  F  I  A  J  O  U  U  E
J  A  E  P  K  E  T  I  N  G  G  I  A  N
A  H  S  E  B  E  U  Z  G  G  E  C  S  D
R  X  I  N  K  U  T  R  I  Q  G  I  A  A
A  Z  N  U  B  A  D  U  T  A  C  I  N  R
H  N  B  M  A  Y  X  A  R  H  N  H  A  A
W  J  I  P  I  L  O  T  R  U  S  I  R  T
P  B  V  A  A  W  A  K  L  A  N  B  P  A
O  M  E  N  G  E  M  B  A  N  G  A  S  N
Z  A  V  G  Z  M  L  Z  R  K  Q  L  N  E
P  E  T  U  A  L  A  N  G  A  N  O  R  X
H  I  D  R  O  G  E  N  R  R  F  N  L  O
K  O  N  S  T  R  U  K  S  I  X  S  Q  D
```

KETINGGIAN	KETURUNAN
TINGGI	ARAH
UDARA	HIDROGEN
PENDARATAN	SEJARAH
SUASANA	MENGEMBANG
PETUALANGAN	MESIN
BALON	PENUMPANG
LANGIT	PILOT
KONSTRUKSI	AWAK

68 - Tipos de Cabelo

```
B  P  I  R  A  N  G  P  L  K  K  U  B  K
O  E  Q  R  T  K  M  U  L  I  S  K  E  E
T  L  R  F  L  T  K  T  M  H  A  B  R  P
A  L  S  K  O  W  H  I  T  A  M  E  W  A
K  K  E  R  I  N  G  H  M  L  G  R  A  N
N  M  H  M  S  L  R  O  F  L  F  G  R  G
D  B  A  D  B  O  A  I  J  E  S  E  N  T
I  A  T  D  K  U  B  U  C  C  P  L  A  O
K  B  K  E  R  I  T  I  N  G  E  O  B  C
E  U  T  E  B  A  L  I  E  J  R  M  C  P
P  A  N  J  A  N  G  L  P  W  A  B  V  Z
A  B  C  O  K  E  L  A  T  I  K  A  L  Q
N  U  B  I  Y  Y  Z  W  G  B  S  N  N  I
G  Y  Q  X  J  D  E  W  W  D  F  G  E  I
```

PUTIH	PANJANG
BERKILAU	COKELAT
IKAL	BERGELOMBANG
BOTAK	PERAK
ABU-ABU	HITAM
BERWARNA	SEHAT
KERITING	KERING
TIPIS	LEMBUT
TEBAL	DIKEPANG
PIRANG	KEPANG

69 - Formas

```
S  E  G  I  T  I  G  A  M  G  G  Q  S  P
I  N  B  H  A  L  U  X  R  R  L  S  U  R
S  F  U  C  Z  D  C  M  G  P  T  O  D  I
I  G  R  X  C  K  E  R  U  C  U  T  U  S
O  D  A  J  E  U  S  Y  R  P  P  Y  T  M
L  V  F  R  L  B  P  O  L  I  G  O  N  A
I  I  A  T  I  U  S  K  H  R  B  J  P  F
N  T  P  L  P  S  K  I  R  A  O  S  X  O
G  P  E  R  S  E  G  I  L  M  L  T  J  M
K  U  R  V  A  N  X  A  T  I  A  Y  U  T
A  L  Z  Y  T  O  H  X  P  D  N  G  X  R
R  V  F  S  F  A  R  C  X  A  L  D  C  O
A  H  I  P  E  R  B  O  L  A  F  A  E  Z
N  M  T  E  F  B  I  N  Y  H  M  R  X  R
```

ARC	HIPERBOLA
SUDUT	SISI
SILINDER	GARIS
LINGKARAN	OVAL
KERUCUT	PIRAMIDA
KUBUS	POLIGON
KURVA	PRISMA
ELIPS	PERSEGI
BOLA	SEGITIGA

70 - Dias e Meses

```
S E N I N U J B C Z D I G M
A P R I L D H T M C B H N I
B D J A N U A R I T J P W N
T J U M A T E Z C B M O Y G
U B L G G F O T T K O D R G
W U I J U E O K T O B E R U
A L K R S B U A Q Q J S A N
O A Y T T R V L L S E E B O
B N L K U U T E O E V M U V
K A M I S A F N T L P B L E
R I P A I R J D X A C E R M
J U N I T I O E D S H R Y B
K A O X R M J R O A V U B E
S E P T E M B E R V X S N R
```

APRIL	BULAN
AGUSTUS	NOVEMBER
TAHUN	OKTOBER
KALENDER	RABU
DESEMBER	KAMIS
MINGGU	SABTU
FEBRUARI	SENIN
JANUARI	SEPTEMBER
JULI	JUMAT
JUNI	SELASA

71 - Geografia

```
N T Q F U J G Z T G B G J X
E J A D P B P J Y A E L R H
G S K T P K D U E R L T G X
A A E G U N U N G I A T P S
R M T L T K N J M S H Y E Z
A P I X A O I X E L A U T G
D U N Z R T A V R I N M A S
R L G B A A A M I N B J W U
K A G E A H T N D T U I I N
R U I N J R L O I A M M L G
J E A U Y N A B A N I W A A
Q L N A F G S T N G J W Y I
K H A T U L I S T I W A A P
G A R I S B U J U R O N H J
```

KETINGGIAN
ATLAS
KOTA
BENUA
KHATULISTIWA
BELAHAN BUMI
PULAU
GARIS LINTANG
GARIS BUJUR
PETA

LAUT
MERIDIAN
GUNUNG
DUNIA
UTARA
BARAT
NEGARA
SUNGAI
SELATAN
WILAYAH

72 - Antártica

```
B  G  P  W  W  O  I  Q  P  O  G  R  G  K
X  Z  W  M  U  X  L  N  A  I  R  O  T  O
Z  X  G  E  Z  S  M  O  U  S  Q  C  O  N
E  M  A  A  Q  N  I  U  S  E  S  K  P  S
K  B  P  M  B  G  A  P  F  M  G  Y  O  E
S  M  W  I  Y  K  H  Q  E  E  E  J  G  R
P  P  E  N  E  L  I  T  I  N  O  C  R  V
E  U  G  E  B  T  L  Y  W  A  G  I  A  A
D  L  L  R  E  E  P  Z  R  N  R  U  F  S
I  W  E  A  Y  L  N  Y  O  J  A  S  I  I
S  B  T  L  U  U  S  U  H  U  F  X  U  N
I  F  S  W  Z  K  A  Y  A  N  I  E  E  N
W  W  E  L  R  X  W  M  I  G  R  A  S  I
R  W  R  L  I  N  G  K  U  N  G  A  N  B
```

LINGKUNGAN
AIR
TELUK
PAUS
ILMIAH
KONSERVASI
BENUA
EKSPEDISI
GLETSER
ES

GEOGRAFI
PULAU
PENELITI
MIGRASI
MINERAL
SEMENANJUNG
PENGUIN
ROCKY
SUHU
TOPOGRAFI

73 - Flores

```
M W Q W T J X Q T S Q A D T
G R Q B U K E T B I M N A U
O T X L A V E N D E R G I L
G N T W Z Z K L I L Y G S I
P L U M E R I A O U U R Y P
M E P O P P Y W E P Y E N M
E U O O Q C N U I G A K J A
L M K N R A V I Q E T K N G
A A F V Y D A F F O D I L N
T W G A R D E N I A W L Q O
I A Y K T H I B I S C U S L
M R S E M A N G G I E G N I
S Z L I L A C T K D S U W A
D A N D E L I O N Q V X U W
```

BUKET
DANDELION
GARDENIA
HIBISCUS
MELATI
LAVENDER
LILAC
LILY
MAGNOLIA
DAISY

DAFFODIL
ANGGREK
POPPY
PEONY
KELOPAK
PLUMERIA
MAWAR
SEMANGGI
TULIP

74 - Fazenda #1

```
B  H  P  U  S  B  K  Q  P  K  D  L  J  I
P  I  Q  Z  Z  E  K  Y  U  A  I  R  G  A
M  X  D  U  C  T  K  U  Z  S  G  E  P  Y
J  E  R  A  M  I  E  M  D  B  C  A  E  A
T  N  W  G  N  S  L  I  Z  A  N  F  R  M
F  V  C  A  W  G  E  M  J  Z  Z  I  T  I
H  X  P  G  W  K  D  N  A  S  I  E  A  E
Q  W  V  A  N  B  A  P  U  P  U  K  N  N
O  O  N  K  Z  Z  I  M  H  S  A  P  I  A
S  A  Y  A  N  G  K  U  C  I  N  G  A  L
J  B  A  B  I  B  T  K  H  N  J  R  N  E
X  R  Y  R  L  K  K  A  M  B  I  N  G  B
Z  K  A  W  A  N  A  N  P  S  N  N  K  A
Q  E  V  W  V  P  V  Y  R  I  G  W  F  H
```

LEBAH	PAGAR
PERTANIAN	GAGAK
NASI	JERAMI
AIR	PUPUK
BETIS	AYAM
KELEDAI	KUCING
KAMBING	SAYANG
BIDANG	BABI
KUDA	KAWANAN
ANJING	SAPI

75 - Livros

```
T F N L H U W J N I R W D H
D U A L I T A S O N E D I A
M D R Q S L B T V V L E T L
F C A T T W D K E E E M U A
O I T R O F Q L L N V S L M
F O O A R X W W T T A E I A
K T R G I U A Q U I N R S N
O O L I S N T G N F W I A E
L P N S X K A P E N U L I S
E U C T Q S K P E M B A C A
K I A C E R I T A E Y W B S
S S K T I K O P B Q P H S T
I I Z I W N S Z D T H I J R
P E T U A L A N G A N O K A
```

PENULIS
PETUALANGAN
KOLEKSI
KONTEKS
DUALITAS
DITULIS
EPIK
CERITA
HISTORIS
INVENTIF

PEMBACA
SASTRA
NARATOR
HALAMAN
WATAK
PUISI
RELEVAN
NOVEL
SERI
TRAGIS

76 - Chocolate

```
R  M  R  Q  L  F  D  K  O  G  K  B  N  B
F  A  V  O  R  I  T  J  R  U  A  U  O  A
N  N  S  K  A  R  A  M  E  L  C  B  H  H
J  I  T  A  L  M  P  H  S  A  A  U  U  A
H  S  N  R  B  E  P  S  E  U  N  K  N  N
K  R  Z  T  L  K  Z  E  P  T  G  P  D  S
E  Q  G  I  X  S  K  A  K  A  O  K  R  Q
L  Z  R  S  V  O  R  R  T  U  E  L  M  W
A  S  V  A  L  T  M  O  K  A  L  O  R  I
P  K  R  N  T  I  I  M  F  P  T  P  N  C
A  T  W  A  E  S  G  A  R  E  A  U  F  M
K  U  A  L  I  T  A  S  C  I  H  H  D  W
G  A  N  T  I  O  K  S  I  D  A  N  I  Y
H  I  F  S  W  E  M  E  K  Y  F  Y  M  T
```

GULA
PAHIT
KACANG
ANTIOKSIDAN
AROMA
ARTISANAL
KAKAO
KALORI
KARAMEL
KELAPA

LEZAT
MANIS
EKSOTIS
FAVORIT
RASA
BAHAN
BUBUK
KUALITAS
RESEP

77 - Profissões #2

```
D A H L I B A H A S A L A I
O D H P E N E L I T I X H L
K F I L Z O O L O G I W L U
T B X P I L O T L T E P I S
E B D Q F B V T G A F U B T
R I O K O P E L U K I S I R
W N K G T C H D M F L T O A
A S T R O N O T A U S A L T
R I E O G P D Q I H U K O O
T N R T R W E Z Z H F A G R
A Y G P A Y O N W G M W I W
W U I Q F L A D E C B A S Y
A R G P E T A N I M J N C M
N L I D R C P N I G U R U N
```

PETANI   PENEMU
ASTRONOT   PENELITI
PUSTAKAWAN   WARTAWAN
AHLI BIOLOGI   AHLI BAHASA
AHLI BEDAH   DOKTER
DOKTER GIGI   PILOT
INSINYUR   PELUKIS
FILSUF   GURU
FOTOGRAFER   ZOOLOGI
ILUSTRATOR

78 - Fazenda #2

```
D G N U Y S P B Y E M M T Q
B O F E R U E M E J V E R X
E R M P N S T B E B E K A P
E C O B J U A J U X C D K A
H H G M A G N E W A N T T D
I A Q X G H I L A A H X O A
V R I C U T A A N R H S R N
E D R L N O G I G U D A N G
L X I C G F P P S T E A E R
B L G A N D U M A T A N G U
L N A S A Y U R M A Y U R M
P Q S M I B K G W D O E Y P
C B I N A T A N G R C K G U
J F V G E M B A L A K S D T
```

PETANI
BINATANG
GUDANG
JELAI
BEEHIVE
BUAH
ANGSA
IRIGASI
SUSU
LLAMA

MATANG
JAGUNG
DOMBA
GEMBALA
BEBEK
ORCHARD
PADANG RUMPUT
TRAKTOR
GANDUM
SAYUR-MAYUR

79 - Jardim

```
W A L O N B N L V G J Z T H
O R C H A R D B K A U W R H
B U N G A U S E M A K L A A
B E V I Z M E N Y A P U M N
D A R U I P B K S E K O P A
T A N A H U I O E D E T O I
Z R G G N T D L L J B G L T
O R S A K D M A A E U L I P
V O Q R U U A M N G N P N O
N T F A O G W C G J V K U H
Z E G S R U A O M C L J U O
Y R V I N E D J Q Y N F L N
P A G A R Y V Q O B F G A K
R S H A C A I F Y Z Y H G E
```

MENYAPU   KOLAM
SEMAK   SELANG
POHON   SEKOP
BANGKU   ORCHARD
PAGAR   TANAH
GULMA   TERAS
BUNGA   TRAMPOLIN
GARASI   BERANDA
RUMPUT   VINE
KEBUN

80 - Oceano

```
T  C  K  N  M  V  Y  N  A  C  W  X  V  L
K  M  T  J  U  L  X  A  D  G  D  I  P  Y
S  G  O  I  H  T  I  R  A  M  L  Y  D  A
G  A  R  A  M  O  U  Y  D  N  U  P  D  K
T  E  R  U  M  B  U  N  P  L  M  P  Y  E
H  I  U  W  N  R  Q  X  A  V  B  E  C  P
A  M  F  N  I  K  A  N  U  D  A  N  G  I
O  K  P  E  R  A  H  U  S  G  L  Y  U  T
B  M  U  B  U  R  U  B  U  R  U  U  R  I
E  S  B  L  R  A  L  G  A  V  M  D  I  N
L  P  A  A  V  N  U  R  O  D  B  P  T  G
U  O  N  Y  K  G  A  B  M  L  A  C  A  N
T  N  I  N  A  R  J  L  N  D  A  I  V  O
D  S  W  R  Z  H  T  P  L  R  P  L  K  P
```

ALGA	UBUR-UBUR
TUNA	OMBAK
PAUS	TIRAM
PERAHU	IKAN
UDANG	GURITA
KEPITING	TERUMBU
KARANG	GARAM
BELUT	PENYU
SPONS	BADAI
LUMBA-LUMBA	HIU

81 - Profissões #1

```
P E L A U T M U S I S I J O
E K M A B F A S T R O N O M
N W A H L I G E O L O G I O
J J I R H I U P E R A W A T
A V L Q T H U N T E R D W X
H K M G N O P S I K O L O G
I T U K A N G L E D E N G A
T D W Z V P E R H I A S A N
P I A N I S J M A K I G E D
B A N K I R G U B F L Z W A
J M R B J D U T A B E S A R
R J D T P E N G A C A R A V
H Y Q I I E D I T O R Z I E
Y K H Q I S P E N A R I J M
```

PENGACARA
PENJAHIT
ARTIS
ASTRONOM
BANKIR
HUNTER
KARTOGRAFER
ILMUWAN
PENARI
EDITOR

DUTA BESAR
TUKANG LEDENG
PERAWAT
AHLI GEOLOGI
PERHIASAN
PELAUT
MUSISI
PIANIS
PSIKOLOG

82 - Castelos

```
Q U V A Q N K F I Z D G M B
B N G N Z N S Z N V U Y A X
J I W D I N A S T I Y O H K
K C W G R L T E Z Z J D K A
D O R W A M R Z O V C X O T
R R M H H U I S T A N A T A
P N T L I L A C Y K J L A P
C A P E R I S A I P U V G E
M E N A R A E C F E O D A L
P V V G P Z N F I D E U A O
A U B K E R A J A A N J W W
B E T E B R G B E N T E N G
X A H R S H A G Z G I Y W I
J N E E I D I N D I N G S F
```

ZIRAH	BENTENG
KATAPEL	MULIA
KSATRIA	ISTANA
KUDA	DINDING
MAHKOTA	PUTRI
DINASTI	PANGERAN
NAGA	KERAJAAN
PERISAI	MENARA
PEDANG	UNICORN
FEODAL	

83 - Escola # 2

```
R  A  M  J  M  I  Y  J  N  P  Q  W  P  K
N  D  L  L  H  F  L  O  F  K  D  C  E  E
G  U  R  U  U  U  E  M  X  S  J  J  N  G
G  U  N  T  I  N  G  B  U  K  U  W  D  I
P  E  R  P  U  S  T  A  K  A  A  N  I  A
W  E  M  A  T  E  M  A  T  I  K  A  D  T
P  E  R  M  A  I  N  A  N  M  E  K  I  A
E  S  A  S  T  R  A  D  K  E  R  A  K  N
N  I  N  I  E  A  L  L  A  M  T  L  A  G
S  P  S  I  L  D  E  P  M  B  A  E  N  B
I  W  E  A  I  M  I  B  U  A  S  N  C  A
L  V  L  W  P  C  S  A  S  C  E  D  L  K
K  O  M  P  U  T  E  R  A  A  P  E  H  A
A  K  A  D  E  M  I  K  Y  N  E  R  A  A
```

AKADEMIK	MEMBACA
KEGIATAN	SASTRA
PERPUSTAKAAN	BUKU
KALENDER	MATEMATIKA
ILMU	RANSEL
KOMPUTER	KERTAS
KAMUS	GURU
PENDIDIKAN	PERSEDIAAN
PERMAINAN	GUNTING
PENSIL	

84 - Abelhas

```
B  B  U  A  H  P  L  Z  K  D  K  S  G  T
E  P  E  R  B  E  D  A  A  N  E  E  D  A
H  M  Q  R  F  B  U  Y  G  Z  B  R  S  N
J  G  X  W  M  E  K  A  R  B  U  B  E  A
M  Z  B  Q  S  A  Y  A  P  F  N  U  R  M
B  U  N  G  A  O  N  F  V  J  H  K  A  A
M  K  X  H  R  Q  Q  F  H  A  A  S  N  N
A  A  U  N  A  A  Y  F  A  Z  B  A  G  R
T  W  S  V  N  K  T  A  L  A  I  R  G  Y
A  A  A  A  G  B  S  U  I  L  T  I  A  Q
H  N  Y  Y  P  M  D  H  L  Z  A  G  X  J
A  A  A  W  E  K  O  S  I  S  T  E  M  L
R  N  N  F  I  R  O  X  N  K  U  L  V  G
I  V  G  I  U  C  I  T  I  O  J  I  V  B
```

SAYAP	ASAP
BERMANFAAT	HABITAT
LILIN	SERANGGA
SARANG	KEBUN
PERBEDAAN	SAYANG
EKOSISTEM	TANAMAN
KAWANAN	SERBUK SARI
MEKAR	RATU
BUNGA	MATAHARI
BUAH	

85 - Ciência

```
O I D F M F A K V D E K V T
R H L T H S O D A T A H V A
G I A M X U L S T E O U E N
A P B G U W G Y I E X K A A
N O O P F W D I D L T S M M
I T R A R B A I K L I M G A
S E A R T T O N B H X O R N
M S T T E O G K H Z A L A U
E I O I W W M E T O D E V A
K S R K F A K T A M M K I L
D I I E L F I S I K A U T A
N G U L E V O L U S I L A M
E A M O B S E R V A S I S V
M I N E R A L G O K Z T I Z
```

ATOM	LABORATORIUM
ILMUWAN	METODE
IKLIM	MINERAL
DATA	MOLEKUL
EVOLUSI	ALAM
FAKTA	OBSERVASI
FISIKA	ORGANISME
FOSIL	PARTIKEL
GRAVITASI	TANAMAN
HIPOTESIS	

86 - Cores

```
M Y A L L I Q L G G U T R L
A E E B N N R W V M B F M C
G L R E U N G U W C C E I
E O E A S A C Y A N K O R V
N D G B H R B B I R U K A X
T K R E M M T U V D W E H U
A J E R U K U N I N G L H N
F U C H S I A D A Z I A Q O
D Q G I W J P B A P U T I H
H A C J S F B H X G K M Y K
Y I W A R Z A G L T U M G T
T V T U X B C H C P K X E F
D E P A M U C M O X T T D N
I N R Y M S E P I A S Q F Y
```

KUNING
BIRU
KREM
PUTIH
CYAN
ABU-ABU
FUCHSIA
JERUK

MAGENTA
COKELAT
HITAM
MERAH MUDA
UNGU
SEPIA
HIJAU
MERAH

87 - Comida #1

```
G  V  I  S  S  E  S  F  U  U  R  Q  X  Q
B  A  Y  A  M  C  U  G  S  W  I  W  I  D
W  O  R  T  E  L  S  P  A  Z  V  H  T  H
K  K  Q  A  K  J  U  J  L  E  M  O  N  I
A  E  J  K  M  C  U  K  A  S  L  V  P  B
Y  K  U  E  L  H  E  B  D  T  H  Y  W  F
U  I  S  M  L  O  A  A  P  R  I  K  O  T
M  Y  K  A  G  A  B  W  Q  O  P  M  M  A
A  R  I  N  U  T  I  A  N  B  Z  B  K  K
N  X  Y  G  S  U  P  N  K  E  J  F  A  H
I  P  S  I  K  N  Q  G  U  R  U  G  C  Y
S  L  N  J  U  A  Y  V  W  I  W  U  A  W
C  R  I  V  E  I  X  P  A  V  K  L  N  O
B  A  W  A  N  G  P  U  T  I  H  A  G  V
```

GULA	BAYAM
BAWANG PUTIH	SUSU
KACANG	LEMON
TUNA	KEMANGI
KUE	STROBERI
KAYU MANIS	LOBAK
BAWANG	GARAM
WORTEL	SALAD
JELAI	SUP
APRIKOT	JUS

88 - Pássaros

```
P N D W P E G J K O B E B Q
M E R P A T I C B K U L U C
E F L A M I N G O I R A R W
R J W I M Z S U C P U N U J
A C U C K O O L P E N G N F
K S B O U A Z L G N G A G L
T O U O A N N E Y G U V P F
E O R G Z G S D D U N K I T
L T U P I S N G N I T E P B
U U N C G A G A K N A N I E
R R G N A G Y W Y W T A T B
P K B B A N G A U B H R S E
H I E W C P Q U M Z M I S K
F T O P S D X X G H C G T G
```

BURUNG UNTA
ELANG
KENARI
BANGAU
ANGSA
GAGAK
CUCKOO
FLAMINGO
AYAM
GULL

TELUR
BURUNG BEO
BURUNG PIPIT
BEBEK
MERAK
PELIKAN
PENGUIN
MERPATI
TOUCAN
TURKI

89 - Virtudes #1

```
V S E D E R H A N A O I D P
D E R M A W A N H B Y X J E
P R A K T I S E F I S I E N
I G P P J M B P G J N T Z A
M Z Z Q I A M E N A W A N S
A S Y I K N E R R K O M U A
J C E W U D N C B S A B A R
I E I E L I E A Y A I T R A
N R L L V R N Y R N G H T N
A D G U R I T A R A B U I P
T A Y B C Y U D D U Q V S V
I S B R O U K I V U B Z T W
F D V L X K A R F B Y U I S
L P Q X H P N I S E I U K W
```

ASYIK   DERMAWAN
ARTISTIK   IMAJINATIF
BAGUS   MANDIRI
PERCAYA DIRI   CERDAS
PENASARAN   BERSIH
MENENTUKAN   SEDERHANA
EFISIEN   SABAR
MENAWAN   PRAKTIS
LUCU   BIJAKSANA

90 - Literatura

```
T R A G E D I A D L B N P D
P M Q S N I Z N S M J F E E
U E I P G A Y A U W U D R S
I T N L V L B L P S S P B K
S A J U O O F I K S I T A R
I F I C L G Y S T E M A N I
C O C R N I P I S M A A D P
T R K J A A S S A J N N I S
E A O X R M H P J P E A N I
P E N D A P A T A Y K L G Y
B G T Z T V V B K K D O A B
R N K E O N O V E L O G N E
B I O G R A F I C J T I N K
C N Y K E S I M P U L A N S
```

ANALOGI
ANALISIS
ANEKDOT
PENULIS
BIOGRAFI
PERBANDINGAN
KESIMPULAN
DESKRIPSI
DIALOG
GAYA

FIKSI
METAFORA
NARATOR
PENDAPAT
PUISI
SAJAK
IRAMA
NOVEL
TEMA
TRAGEDI

91 - Clima

```
F  T  O  I  M  A  N  G  I  N  E  Z  I  B
Q  R  I  Y  K  U  T  O  B  X  C  Z  M  N
K  O  O  S  E  L  S  U  H  U  V  F  T  U
E  P  V  P  R  A  I  I  P  Q  M  C  Q  Y
K  I  S  Z  I  N  I  M  M  B  H  M  A  S
E  S  P  S  N  T  D  H  I  Y  U  G  O  K
R  U  Q  V  G  E  Y  T  P  H  I  A  M  A
I  A  R  T  U  C  L  O  E  X  Y  W  U  B
N  S  V  Q  N  N  E  R  L  N  B  A  V  U
G  A  D  H  T  F  M  N  A  P  A  N  O  T
A  N  E  V  U  X  B  A  N  E  D  N  G  W
N  A  R  P  R  F  A  D  G  T  A  W  G  R
L  A  N  G  I  T  B  O  I  I  I  N  W  J
K  U  T  U  B  X  H  O  X  R  O  X  M  I
```

PELANGI	PETIR
SUASANA	KEKERINGAN
TENANG	KERING
LANGIT	SUHU
IKLIM	BADAI
ES	TORNADO
MUSIM	TROPIS
KABUT	GUNTUR
AWAN	LEMBAB
KUTUB	ANGIN

92 - Tecnologia

```
H  L  P  G  R  P  K  B  L  O  G  W  D  D
Y  O  R  E  Z  E  F  O  N  T  V  F  A  I
C  H  K  U  R  S  O  R  M  A  U  K  T  G
G  F  A  I  L  A  F  D  F  P  P  I  A  I
S  K  M  D  A  N  M  P  O  P  U  N  L  T
K  W  E  T  I  B  S  B  Y  T  E  T  Z  A
M  P  R  G  H  X  J  I  A  Y  V  E  E  L
S  T  A  T  I  S  T  I  K  N  I  R  R  R
R  N  L  A  Y  A  R  M  Y  A  R  N  I  V
K  E  A  M  A  N  A  N  A  D  U  E  S  Z
X  D  B  O  G  H  J  R  U  Y  S  T  E  T
E  Z  F  M  H  T  K  Y  Y  O  A  T  T  M
C  F  Y  T  C  G  L  J  F  V  Y  C  Q  C
B  Y  Z  V  Z  D  Y  J  B  O  G  J  D  C
```

FAIL	FONT
BLOG	INTERNET
BYTE	PESAN
KAMERA	PERAMBAN
KOMPUTER	RISET
KURSOR	KEAMANAN
DATA	LAYAR
DIGITAL	MAYA
STATISTIK	VIRUS

93 - Arte

```
K T N M S L T J G R T K J J
O A K E U U G W S C E O U P
M I E N A K B M U X R M J A
P E P G S I M J R W I P U O
O B P G A S U S E X N L R Z
S S G A N A S O A K S E K Z
I I P M A N E X L V P K Q P
S M A B H V D M I K I S G R
I B T A A I E K S P R E S I
Q O U R T S R L M H A V C B
D L N K I U H O E N S Y E A
J L G A C A A H P U I S I D
K T S N U L N B S A S L I I
Y C B K E R A M I K S H H Y
```

KERAMIK   PRIBADI
KOMPLEKS   LUKISAN
KOMPOSISI   PUISI
PATUNG   MENGGAMBARKAN
EKSPRESI   SEDERHANA
JUJUR   SIMBOL
SUASANA HATI   SUBJEK
TERINSPIRASI   SUREALISME
ASLI   VISUAL

94 - Dinossauros

```
H  P  F  V  E  M  K  X  R  V  I  Y  T  B
U  S  O  E  F  V  W  M  U  B  W  K  P  E
H  E  R  B  I  V  O  R  A  U  P  K  Q  S
K  I  M  O  U  W  H  O  C  M  W  S  Q  A
A  L  L  S  P  R  E  P  T  I  L  Y  Y  R
R  Y  B  A  P  R  A  S  E  J  A  R  A  H
N  F  V  Y  N  U  Z  L  B  K  S  D  U  E
I  I  H  A  A  G  K  G  L  U  O  Y  K  V
V  T  S  P  I  M  N  L  O  A  S  R  U  O
O  F  O  S  I  L  A  Y  B  T  E  A  R  L
R  S  V  N  P  B  N  A  R  T  P  A  U
A  M  A  M  M  O  T  H  G  A  A  T  N  S
Y  K  E  O  N  J  E  N  I  S  N  O  P  I
I  O  M  O  M  N  I  V  O  R  A  R  M  O
```

SAYAP	OMNIVORA
KARNIVORA	KUAT
EKOR	MANGSA
HILANGNYA	PRASEJARAH
JENIS	RAPTOR
EVOLUSI	REPTIL
FOSIL	UKURAN
BESAR	BUMI
HERBIVORA	SETAN
MAMMOTH	

95 - Esportes

```
B A G K K K E J U A R A A N
I M C K T B L G A J P T B Z
S E N A M F D I K J E L H R
B E C S L T I M Z K R E T M
O V P L L W M N T G M T S X
L E G E R A K A N O A D T A
H O K I D H R S U L I U A O
E E T P M A P I I F N A D P
P B U E H C T U X Y A F I E
M X S L N X W M G D N Z O M
F E U A P I B A S K E T N A
D Y E T A K S D J Z S R F I
W A S I T P E M E N A N G N
Q M Y H I K C A X A H I O L
```

ATLET
WASIT
BASKET
BISBOL
SEPEDA
KEJUARAAN
TIM
STADION
PEMENANG

GIMNASIUM
SENAM
GOLF
HOKI
PEMAIN
PERMAINAN
GERAKAN
TENIS
PELATIH

96 - Comida # 2

```
L  I  K  A  N  E  D  H  A  F  Z  T  T  O
Y  C  Y  J  A  L  M  O  N  D  P  E  X  R
J  K  I  W  I  Y  M  A  G  A  I  L  Q  R
T  A  C  E  R  I  A  Y  G  P  S  U  U  M
X  T  M  W  V  J  K  M  U  B  A  R  U  G
W  G  L  U  L  C  A  B  R  Y  N  N  R  E
I  A  R  B  R  O  K  O  L  I  G  A  Y  O
O  N  S  O  A  K  N  C  J  X  B  S  E  P
D  D  B  H  H  L  T  K  D  W  C  I  O  L
S  U  T  T  H  A  P  E  L  Y  U  A  E  I
X  M  H  L  A  T  D  J  R  Z  B  C  W  I
V  I  Y  A  M  H  D  U  T  O  M  A  T  E
A  R  T  I  C  H  O  K  E  N  N  Y  E  Q
S  H  B  W  Y  O  G  H  U  R  T  G  F  I
```

ARTICHOKE	YOGHURT
ALMOND	KIWI
NASI	APEL
PISANG	TELUR
TERONG	IKAN
BROKOLI	HAM
CERI	KEJU
COKLAT	TOMAT
JAMUR	GANDUM
AYAM	ANGGUR

97 - Barcos

```
M P E L A U T J U L T V S J
F E R I E B W Q M A A B G W
G L S D O K G K E U L M Q S
W A C I R A K I T T I O E M
W M A T N N R T J U L I B J
C P L I S O J Q N E J T P N
J U G A U A M D A D A N A U
J N S N N R S B D X C W S C
A G K G G Y F A A Q U G A T
N Y A K A G L H D K M P N K
G W Y A I V N A Q P U Z G N
K V A P N Q D R D V E D K N
A Z K A I M C I G X B N X P
R F L L L H I L X Y A C H T
```

JANGKAR	LAUT
FERI	PASANG
PELAMPUNG	PELAUT
KAYAK	TIANG KAPAL
KANO	MESIN
TALI	BAHARI
DOK	OMBAK
YACHT	SUNGAI
RAKIT	AWAK
DANAU	

98 - Piratas

```
K  L  E  G  E  N  D  A  P  E  T  A  N  U
O  S  S  M  H  A  R  T  A  K  A  R  U  N
M  R  G  P  A  B  E  K  A  S  L  U  K  A
P  U  L  A  U  S  P  I  A  V  T  M  K  B
A  E  A  N  K  X  E  F  E  P  K  E  O  U
S  A  D  T  A  Z  T  J  O  C  T  A  I  R
C  W  M  A  X  G  U  A  B  J  P  E  N  U
D  A  Z  I  N  X  A  N  B  U  S  B  N  N
W  K  F  T  G  G  L  G  A  J  Q  G  I  G
R  O  X  S  A  K  A  K  H  E  P  R  S  B
B  U  R  U  K  N  N  A  A  M  A  T  I  E
M  C  L  Q  T  C  G  R  Y  N  I  E  D  O
E  Z  L  A  U  T  A  O  A  Q  A  J  Y  P
I  B  R  P  O  B  N  R  D  J  P  O  S  W
```

PETUALANGAN	BURUK
JANGKAR	KOIN
KOMPAS	LAUT
KAPTEN	EMAS
GUA	BURUNG BEO
BEKAS LUKA	BAHAYA
PEDANG	PANTAI
PULAU	RUM
LEGENDA	HARTA KARUN
PETA	AWAK

99 - Mamíferos

```
M L R R W Q B K A N G U R U
C O U I F S A U C N A Q F J
Y F B A C S N D O X J S M U
J P A U S E T A Y P A I K P
E Q H Q L R E C O J H N N I
R D C E L I N C T K J G U G
A K V R R G G A E K I A W E
P M B E R A N G B E R A N G
A G O R I L A U D L Z P Q Q
H M A N M A D N O I E X E B
C P B Q Y C A T M N B C A D
X J A C Z E S A B C R G S Z
K U C I N G T Z A I A T P Q
L U M B A L U M B A E R H O
```

PAUS	JERAPAH
UNTA	LUMBA-LUMBA
KANGURU	GORILA
BERANG-BERANG	SINGA
KUDA	SERIGALA
ANJING	MONYET
KELINCI	DOMBA
COYOTE	RUBAH
GAJAH	BANTENG
KUCING	ZEBRA

100 - Atividades e Lazer

```
P  K  T  H  B  A  B  T  I  N  J  U  J  A
I  Q  J  G  G  S  M  E  N  Y  E  L  A  M
B  A  S  K  E  T  R  N  R  E  N  A  N  G
B  E  B  A  L  A  P  I  N  K  M  H  Q  P
E  R  R  P  L  J  L  S  C  J  E  O  Z  O
P  B  I  S  B  O  L  E  F  N  M  B  L  H
E  S  J  E  E  Q  P  N  M  I  A  I  U  W
R  A  C  P  L  L  H  I  K  I  N  G  Y  N
G  N  A  A  K  U  A  T  Q  C  C  O  M  E
I  T  M  K  X  N  K  N  M  J  I  L  P  B
A  A  P  B  M  W  L  I  C  L  N  F  U  Y
N  I  I  O  G  Y  T  O  S  A  G  C  Z  H
E  M  N  L  X  R  T  W  N  A  R  E  I  M
N  G  G  A  E  S  S  M  V  J  N  C  G  Y
```

CAMPING
SENI
BASKET
BISBOL
TINJU
HIKING
BALAP
SEPAK BOLA
GOLF
HOBI

BERKEBUN
MENYELAM
RENANG
MEMANCING
LUKISAN
SANTAI
BERSELANCAR
TENIS
BEPERGIAN

1 - Dirigindo

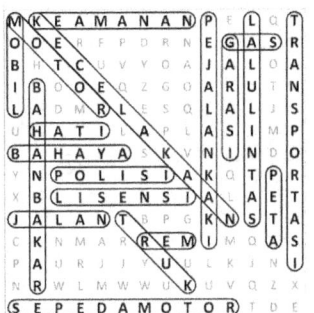

2 - Atividades

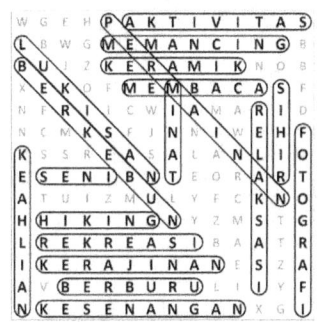

3 - Churrascos

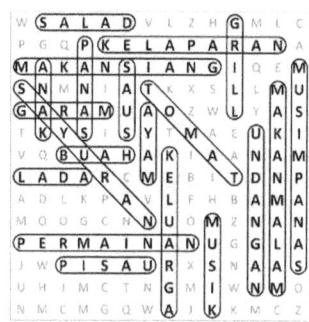

4 - Pesca

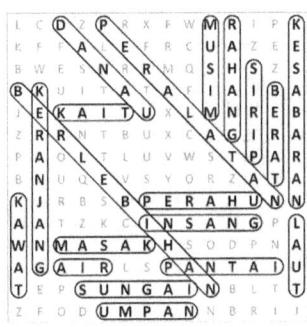

5 - Geologia

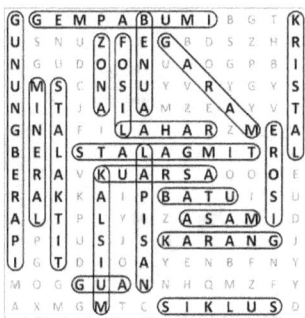

6 - Tempo

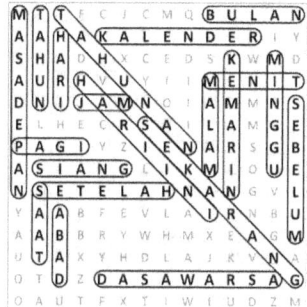

7 - Astronomia

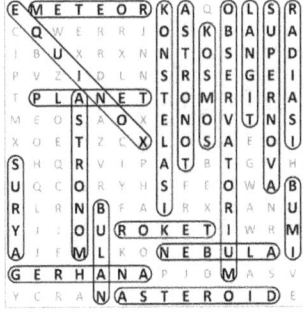

8 - Circo

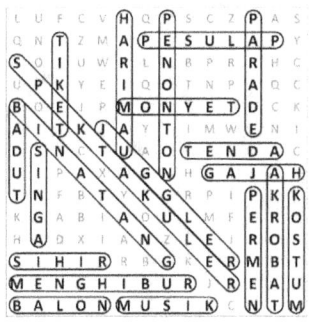

9 - Acampamento

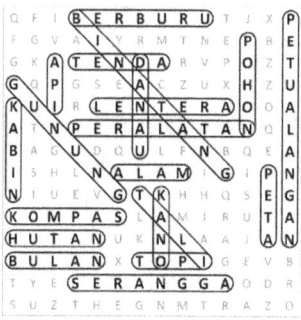

10 - Emoções

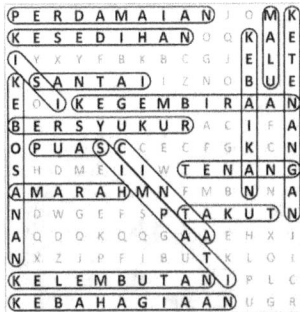

11 - Ficção Científica

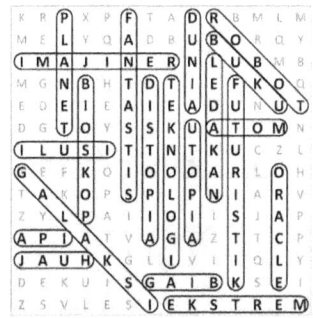

12 - Mitologia

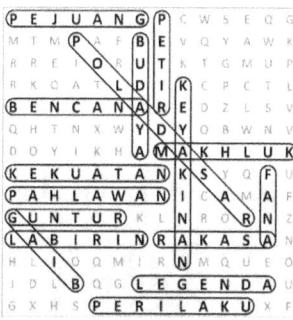

13 - Medições

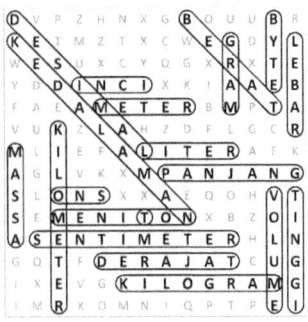

14 - Plantas

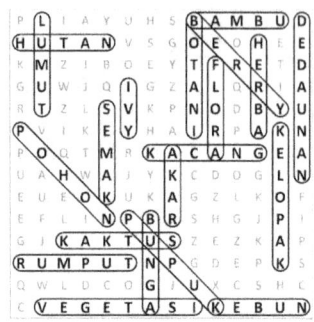

15 - Veículos

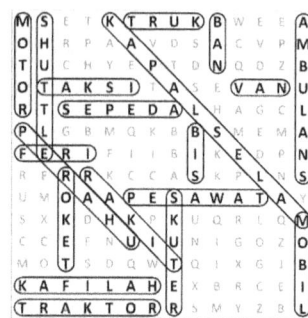

16 - Restaurante # 2

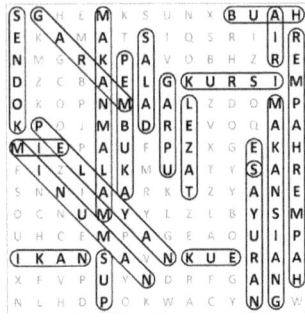

17 - Países #2

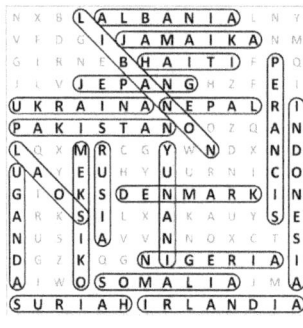

18 - Cozinha

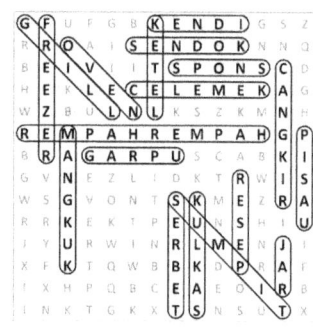

19 - Brinquedos

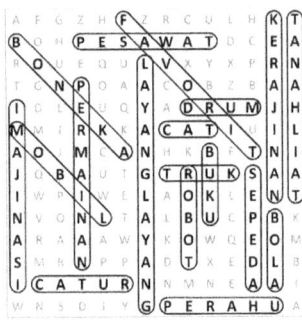

20 - Verão

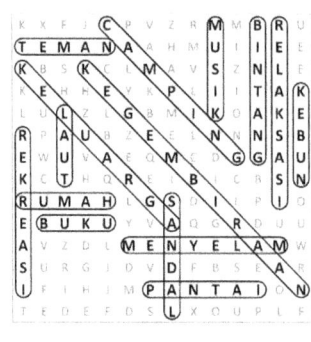

21 - Material de Arte

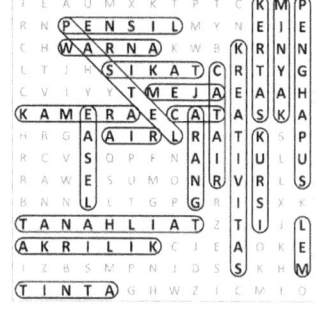

22 - Números

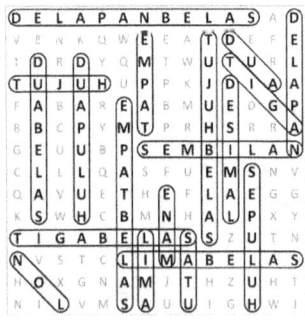

23 - Ferramentas

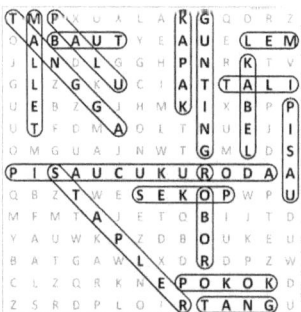

24 - Especiarias

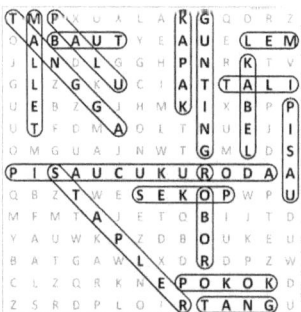

25 - Aniversário

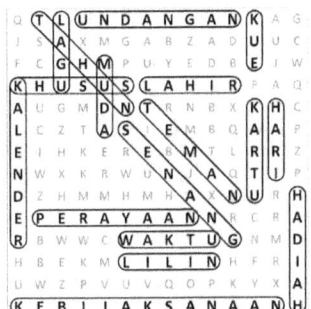

26 - Casa

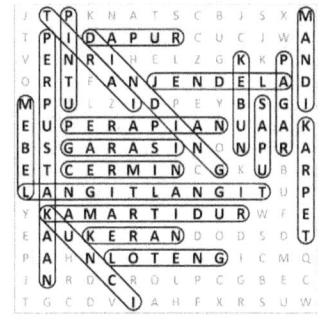

27 - Vegetais

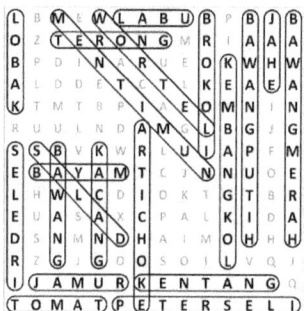

28 - Exploração

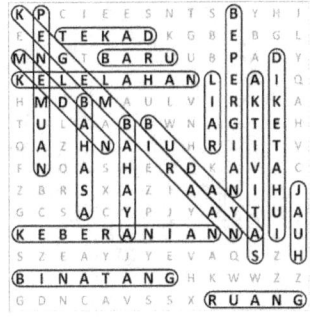

29 - Balé

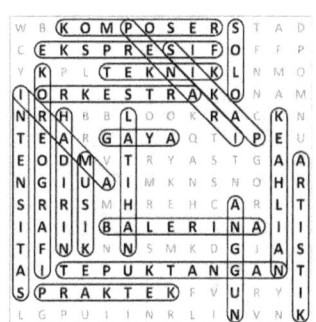

30 - Conservação

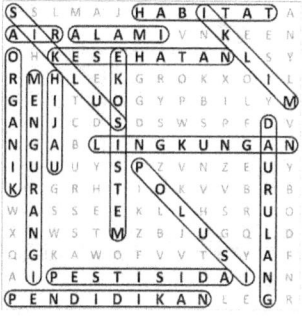

31 - Adjetivos #1

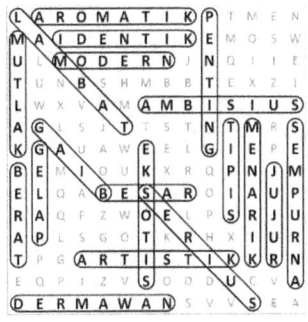

32 - Insetos

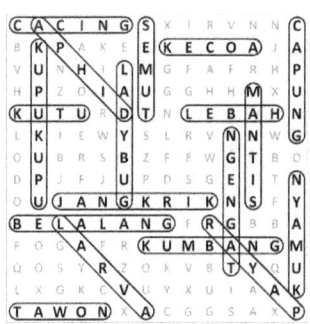

33 - Paisagens

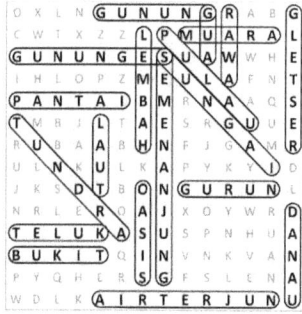

34 - Dança

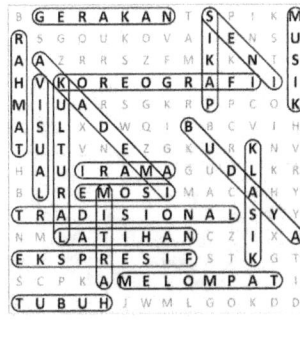

35 - Nutrição

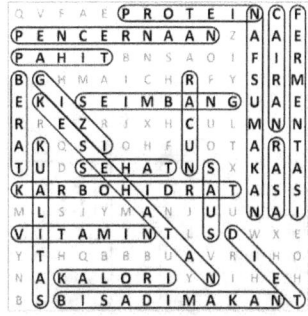

36 - Disciplinas Científicas

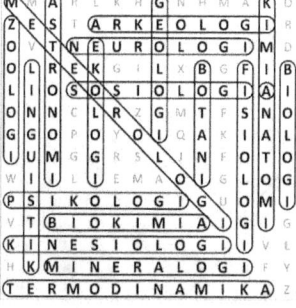

37 - Meditação

38 - Gatos

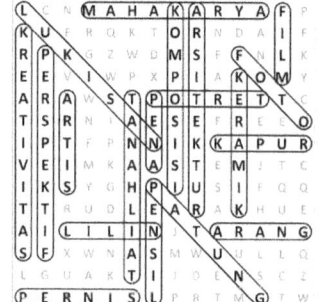

39 - Artes Visuais

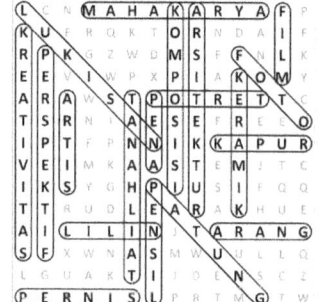

40 - Instrumentos Musicais

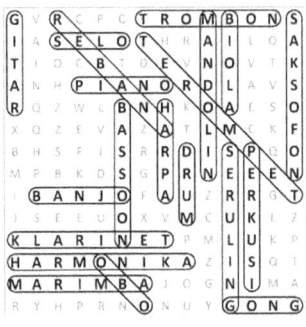

41 - Escola #1

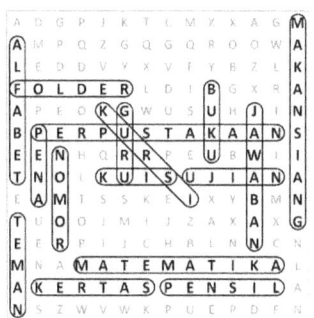

42 - Adjetivos #2

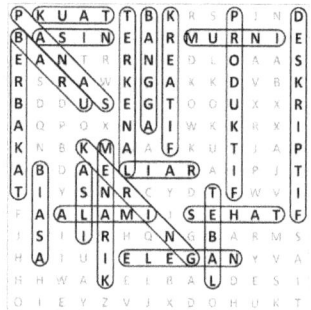

43 - Roupas

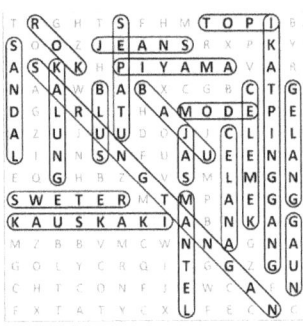

44 - Herbalismo

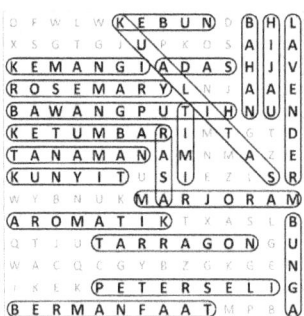

45 - Férias #1

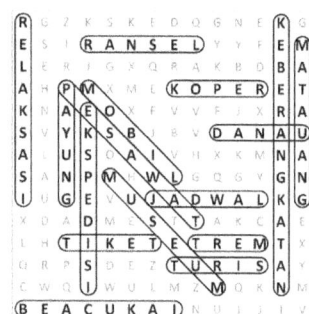

46 - Frutas

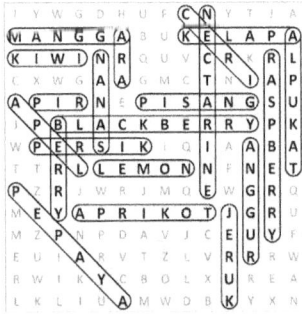

47 - Corpo Humano

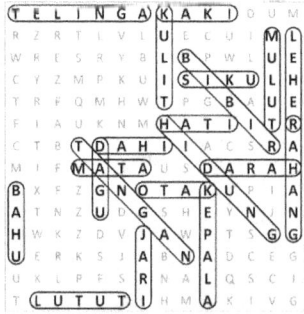

48 - Restaurante #1

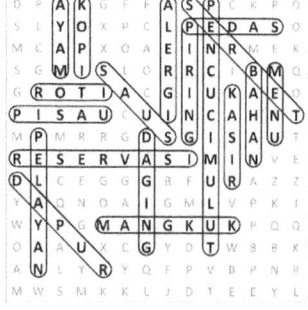

49 - Caminhada

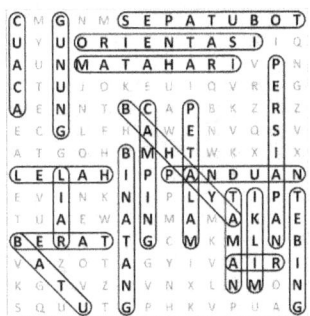

50 - Água

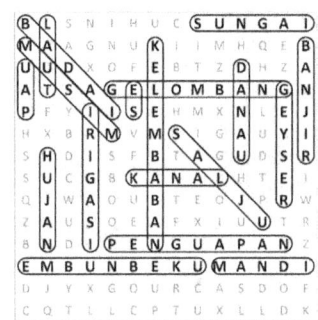

51 - Sons

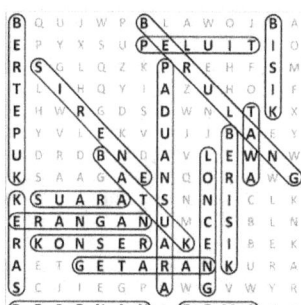

52 - Ecologia

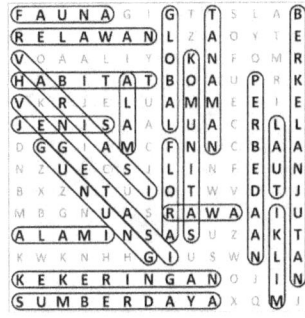

53 - Família

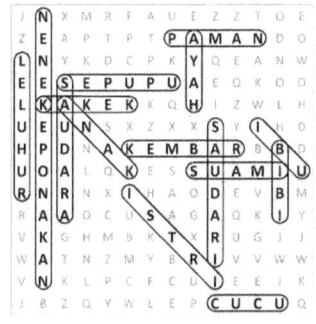

54 - Férias #2

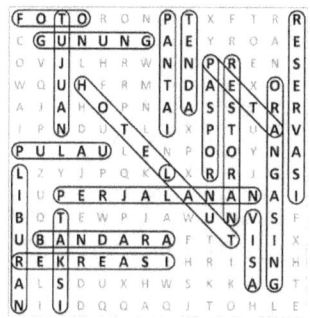

55 - Edifícios

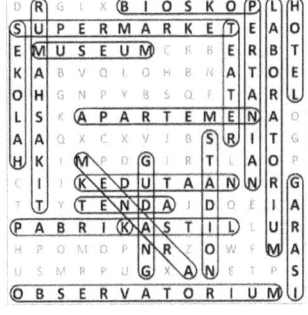

56 - Ferramentas de Cozinha

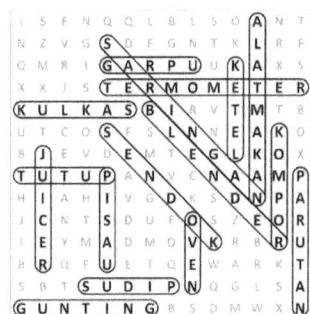

57 - Xadrez

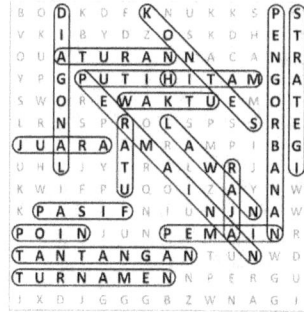

58 - Aventura

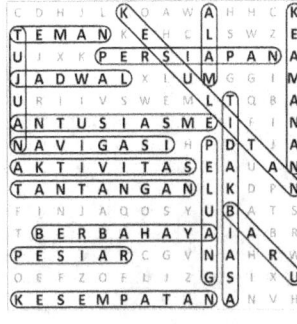

59 - Surf

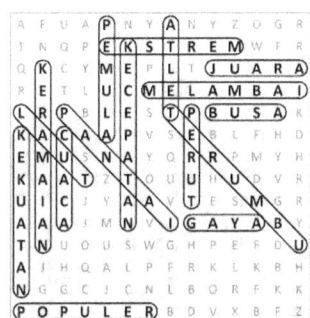

60 - Floresta Tropical

61 - Cidade

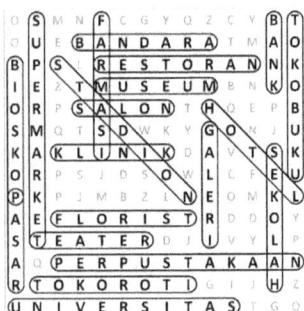

62 - Matemática

63 - Natureza

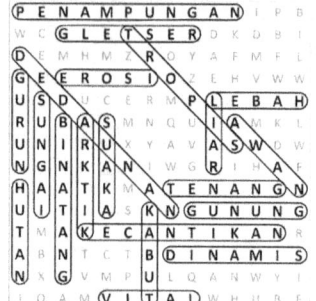

64 - Preencher

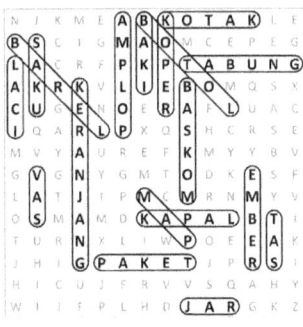

65 - Animais de Estimação

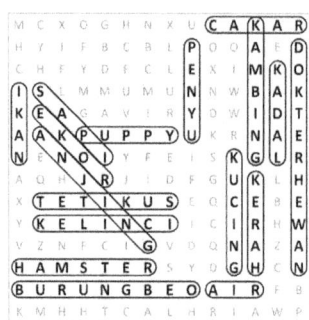

66 - Escalada

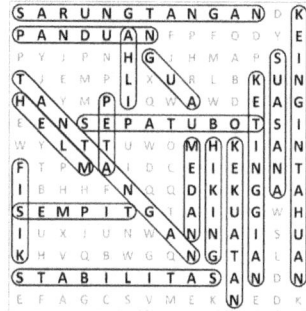

67 - Aviões

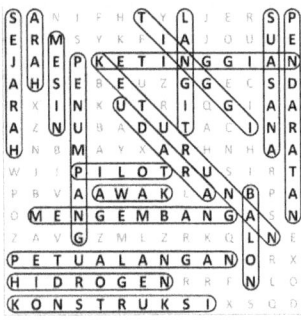

68 - Tipos de Cabelo

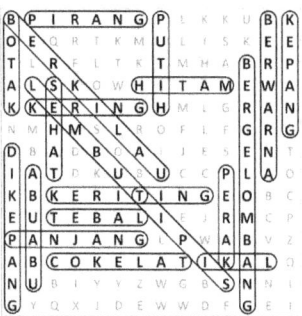

69 - Formas

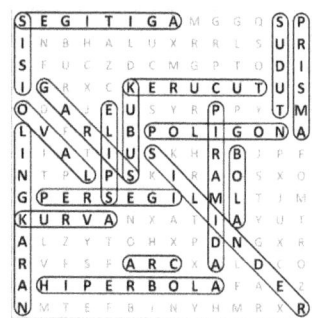

70 - Dias e Meses

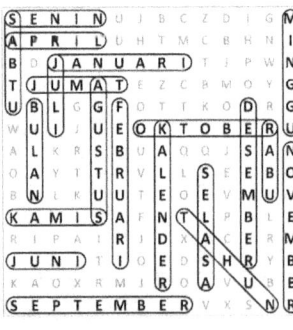

71 - Geografia

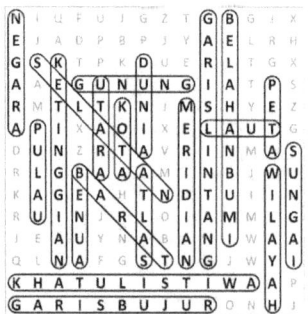

72 - Antártica

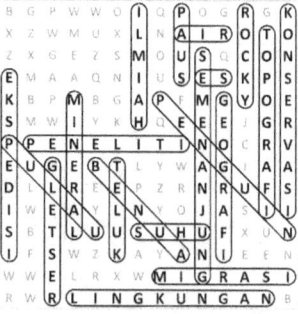

73 - Flores

74 - Fazenda #1

75 - Livros

76 - Chocolate

77 - Profissões #2

78 - Fazenda #2

79 - Jardim

80 - Oceano

81 - Profissões #1

82 - Castelos

83 - Escola # 2

84 - Abelhas

85 - Ciência

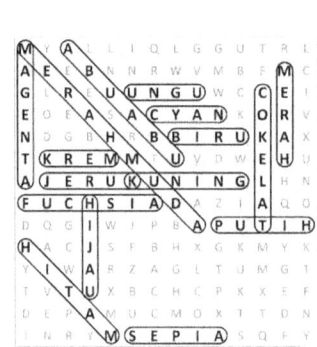

86 - Cores

87 - Comida #1

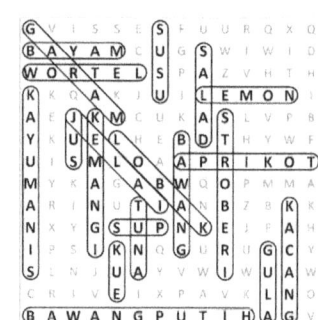

88 - Pássaros

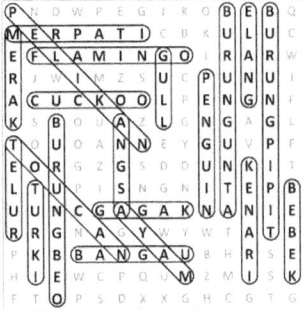

89 - Virtudes #1

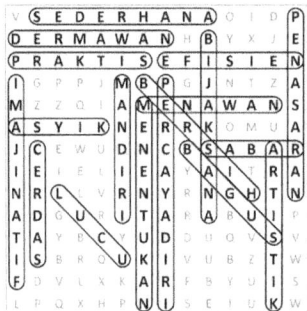

90 - Literatura

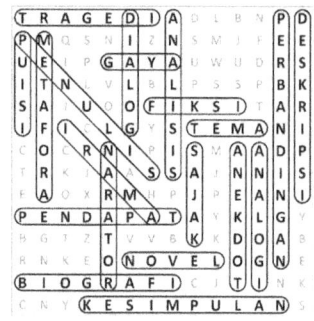

91 - Clima

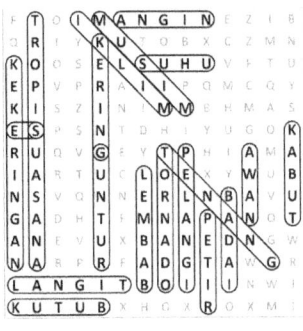

92 - Tecnologia

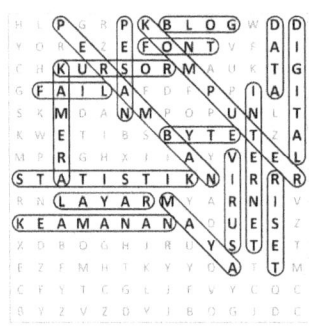

93 - Arte

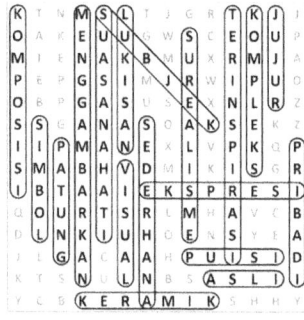

94 - Dinossauros

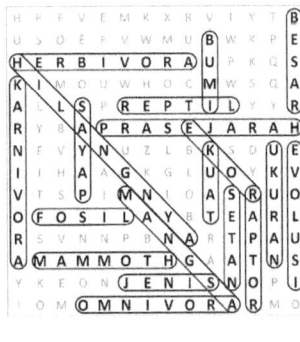

95 - Esportes

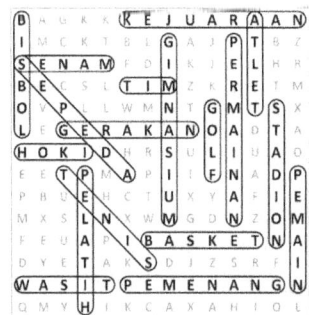

96 - Comida # 2

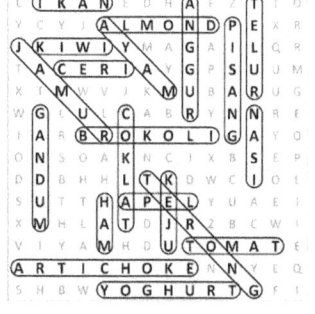

97 - Barcos

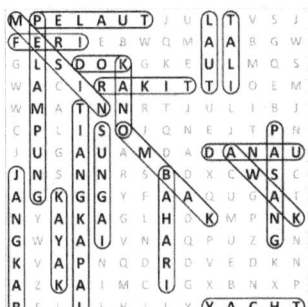

98 - Piratas

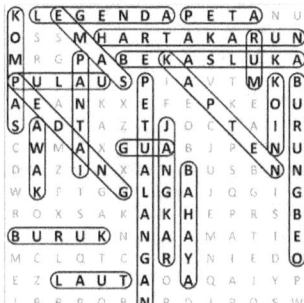

99 - Mamíferos

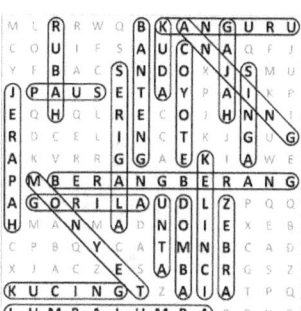

100 - Atividades e Lazer

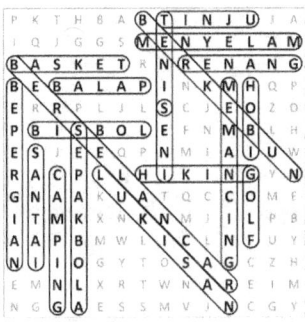

Dicionário

Abelhas
Lebah

Asas	Sayap
Benéfico	Bermanfaat
Cera	Lilin
Colmeia	Sarang
Diversidade	Perbedaan
Ecossistema	Ekosistem
Enxame	Kawanan
Flor	Mekar
Flores	Bunga
Fruta	Buah
Fumaça	Asap
Habitat	Habitat
Inseto	Serangga
Jardim	Kebun
Mel	Sayang
Plantas	Tanaman
Pólen	Serbuk Sari
Rainha	Ratu
Sol	Matahari

Acampamento
Berkemah

Animais	Binatang
Aventura	Petualangan
Árvores	Pohon
Bússola	Kompas
Cabine	Kabin
Caça	Berburu
Canoa	Kano
Chapéu	Topi
Corda	Tali
Equipamento	Peralatan
Floresta	Hutan
Fogo	Api
Inseto	Serangga
Lago	Danau
Lanterna	Lentera
Lua	Bulan
Mapa	Peta
Montanha	Gunung
Natureza	Alam
Tenda	Tenda

Adjetivos #1
Kata Sifat # 1

Absoluto	Mutlak
Ambicioso	Ambisius
Aromático	Aromatik
Artístico	Artistik
Atraente	Menarik
Enorme	Besar
Escuro	Gelap
Exótico	Eksotis
Fino	Tipis
Generoso	Dermawan
Honesto	Jujur
Idêntico	Identik
Importante	Penting
Lento	Lambat
Misterioso	Gaib
Moderno	Modern
Perfeito	Sempurna
Pesado	Berat
Sério	Serius
Valioso	Berharga

Adjetivos #2
Kata Sifat #2

Autêntico	Asli
Criativo	Kreatif
Descritivo	Deskriptif
Dotado	Berbakat
Elegante	Elegan
Famoso	Terkenal
Forte	Kuat
Grosso	Tebal
Interessante	Menarik
Natural	Alami
Normal	Biasa
Novo	Baru
Orgulhoso	Bangga
Produtivo	Produktif
Puro	Murni
Quente	Panas
Salgado	Asin
Saudável	Sehat
Seco	Kering
Selvagem	Liar

Animais de Estimação
Hewan Peliharaan

Água	Air
Cabra	Kambing
Cachorro	Puppy
Cauda	Ekor
Cão	Anjing
Coelho	Kelinci
Colarinho	Kerah
Garras	Cakar
Gato	Kucing
Hamster	Hamster
Lagarto	Kadal
Mouse	Tetikus
Papagaio	Burung Beo
Peixe	Ikan
Tartaruga	Penyu
Vaca	Sapi
Veterinário	Dokter Hewan

Aniversário
Hari Ulang Tahun

Amigos	Teman
Ano	Tahun
Bolo	Kue
Calendário	Kalender
Canção	Lagu
Cartões	Kartu
Celebração	Perayaan
Convites	Undangan
Dia	Hari
Dom	Hadiah
Especial	Khusus
Feliz	Senang
Jovem	Muda
Nascer	Lahir
Sabedoria	Kebijaksanaan
Tempo	Waktu
Velas	Lilin

Antártica
Antartika

Ambiente	Lingkungan
Água	Air
Baía	Teluk
Baleias	Paus
Científico	Ilmiah
Conservação	Konservasi
Continente	Benua
Expedição	Ekspedisi
Geleiras	Gletser
Gelo	Es
Geografia	Geografi
Ilhas	Pulau
Investigador	Peneliti
Migração	Migrasi
Minerais	Mineral
Península	Semenanjung
Pinguins	Penguin
Rochoso	Rocky
Temperatura	Suhu
Topografia	Topografi

Arte
Seni

Cerâmica	Keramik
Complexo	Kompleks
Composição	Komposisi
Escultura	Patung
Expressão	Ekspresi
Honesto	Jujur
Humor	Suasana Hati
Inspirado	Terinspirasi
Original	Asli
Pessoal	Pribadi
Pinturas	Lukisan
Poesia	Puisi
Retratar	Menggambarkan
Simples	Sederhana
Símbolo	Simbol
Sujeito	Subjek
Surrealismo	Surealisme
Visual	Visual

Artes Visuais
Seni Visual

Argila	Tanah Liat
Arquitetura	Arsitektur
Artista	Artis
Caneta	Pena
Carvão	Arang
Cavalete	Penyangga
Cera	Lilin
Cerâmica	Keramik
Composição	Komposisi
Criatividade	Kreativitas
Escultura	Patung
Filme	Film
Fotografia	Foto
Giz	Kapur
Lápis	Pensil
Obra-Prima	Mahakarya
Perspectiva	Perspektif
Pintura	Lukisan
Retrato	Potret
Verniz	Pernis

Astronomia
Astronomi

Asteróide	Asteroid
Astronauta	Astronot
Astrônomo	Astronom
Céu	Langit
Constelação	Konstelasi
Cosmos	Kosmos
Eclipse	Gerhana
Equinócio	Equinox
Foguete	Roket
Gravidade	Gravitasi
Lua	Bulan
Meteoro	Meteor
Nebulosa	Nebula
Observatório	Observatorium
Planeta	Planet
Radiação	Radiasi
Solar	Surya
Supernova	Supernova
Terra	Bumi
Universo	Alam Semesta

Atividades
Kegiatan

Arte	Seni
Artesanato	Kerajinan
Atividade	Aktivitas
Caca	Berburu
Caminhada	Hiking
Cerâmica	Keramik
Fotografia	Fotografi
Habilidade	Keahlian
Interesses	Minat
Jardinagem	Berkebun
Jogos	Permainan
Lazer	Rekreasi
Lendo	Membaca
Magia	Sihir
Pesca	Memancing
Pintura	Lukisan
Prazer	Kesenangan
Relaxamento	Relaksasi

Atividades e Lazer
Aktivitas dan Kenyamanan

Acampamento	Camping
Arte	Seni
Basquete	Basket
Beisebol	Bisbol
Boxe	Tinju
Caminhada	Hiking
Corrida	Balap
Futebol	Sepak Bola
Golfe	Golf
Hobbies	Hobi
Jardinagem	Berkebun
Mergulho	Menyelam
Natação	Renang
Pesca	Memancing
Pintura	Lukisan
Relaxante	Santai
Surfe	Berselancar
Tênis	Tenis
Viagem	Bepergian
Voleibol	Bola Voli

Aventura
Petualangan

Alegria	Kegembiraan
Amigos	Teman
Atividade	Aktivitas
Beleza	Kecantikan
Chance	Kesempatan
Desafios	Tantangan
Destino	Tujuan
Dificuldade	Kesulitan
Entusiasmo	Antusiasme
Excursão	Pesiar
Incomum	Tidak Biasa
Itinerário	Jadwal
Natureza	Alam
Navegação	Navigasi
Novo	Baru
Oportunidade	Peluang
Perigoso	Berbahaya
Preparação	Persiapan
Segurança	Keamanan
Surpreendente	Mengejutkan

Aviões
Pesawat Terbang

Altitude	Ketinggian
Altura	Tinggi
Ar	Udara
Aterrissagem	Pendaratan
Atmosfera	Suasana
Aventura	Petualangan
Balão	Balon
Céu	Langit
Combustível	Bahan Bakar
Construção	Konstruksi
Descida	Keturunan
Direção	Arah
Hidrogênio	Hidrogen
História	Sejarah
Inflar	Mengembang
Motor	Mesin
Passageiro	Penumpang
Piloto	Pilot
Tripulação	Awak
Turbulência	Turbulensi

Água
Air

Canal	Kanal
Chuva	Hujan
Chuveiro	Mandi
Evaporação	Penguapan
Furacão	Badai
Geada	Embun Beku
Gelo	Es
Geyser	Geyser
Inundação	Banjir
Irrigação	Irigasi
Lago	Danau
Monção	Musim
Neve	Salju
Oceano	Laut
Ondas	Gelombang
Rio	Sungai
Umidade	Kelembaban
Vapor	Uap

Balé
Balet

Aplauso	Tepuk Tangan
Artístico	Artistik
Bailarina	Balerina
Compositor	Komposer
Coreografia	Koreografi
Dançarinos	Penari
Ensaio	Latihan
Estilo	Gaya
Expressivo	Ekspresif
Gesto	Sikap
Gracioso	Anggun
Habilidade	Keahlian
Intensidade	Intensitas
Música	Musik
Orquestra	Orkestra
Prática	Praktek
Público	Hadirin
Ritmo	Irama
Solo	Solo
Técnica	Teknik

Barcos
Perahu

Âncora	Jangkar
Balsa	Feri
Bóia	Pelampung
Caiaque	Kayak
Canoa	Kano
Corda	Tali
Doca	Dok
Iate	Yacht
Jangada	Rakit
Lago	Danau
Mar	Laut
Maré	Pasang
Marinheiro	Pelaut
Mastro	Tiang Kapal
Motor	Mesin
Náutico	Bahari
Ondas	Ombak
Rio	Sungai
Tripulação	Awak
Veleiro	Perahu Layar

Brinquedos
Mainan

Argila	Tanah Liat
Artesanato	Kerajinan
Avião	Pesawat
Barco	Perahu
Bateria	Drum
Bicicleta	Sepeda
Bola	Bola
Boneca	Boneka
Caminhão	Truk
Carro	Mobil
Favorito	Favorit
Imaginação	Imajinasi
Jogos	Permainan
Livros	Buku
Pipa	Layang-Layang
Robô	Robot
Tintas	Cat
Xadrez	Catur

Caminhada
Mendaki

Acampamento	Camping
Animais	Binatang
Água	Air
Botas	Sepatu Bot
Cansado	Lelah
Clima	Iklim
Guias	Panduan
Mapa	Peta
Montanha	Gunung
Natureza	Alam
Orientação	Orientasi
Parques	Taman
Pedras	Batu
Penhasco	Tebing
Perigos	Bahaya
Pesado	Berat
Preparação	Persiapan
Selvagem	Liar
Sol	Matahari
Tempo	Cuaca

Casa
Rumah

Biblioteca	Perpustakaan
Cerca	Pagar
Chaves	Kunci
Chuveiro	Mandi
Cortinas	Tirai
Cozinha	Dapur
Espelho	Cermin
Garagem	Garasi
Janela	Jendela
Jardim	Kebun
Lareira	Perapian
Mobiliário	Mebel
Parede	Dinding
Porta	Pintu
Quarto	Kamar Tidur
Sótão	Loteng
Tapete	Karpet
Teto	Langit-Langit
Torneira	Keran
Vassoura	Sapu

Castelos
Kastil

Armadura	Zirah
Catapulta	Katapel
Cavaleiro	Ksatria
Cavalo	Kuda
Coroa	Mahkota
Dinastia	Dinasti
Dragão	Naga
Escudo	Perisai
Espada	Pedang
Feudal	Feodal
Fortaleza	Benteng
Império	Kekaisaran
Nobre	Mulia
Palácio	Istana
Parede	Dinding
Princesa	Putri
Príncipe	Pangeran
Reino	Kerajaan
Torre	Menara
Unicórnio	Unicorn

Chocolate
Cokelat

Açúcar	Gula
Amargo	Pahit
Amendoins	Kacang
Antioxidante	Antioksidan
Aroma	Aroma
Artesanal	Artisanal
Cacau	Kakao
Calorias	Kalori
Caramelo	Karamel
Coco	Kelapa
Delicioso	Lezat
Doce	Manis
Exótico	Eksotis
Favorito	Favorit
Gosto	Rasa
Ingrediente	Bahan
Pó	Bubuk
Qualidade	Kualitas
Receita	Resep

Churrascos
Barbekyu

Almoço	Makan Siang
Convite	Undangan
Crianças	Anak
Facas	Pisau
Família	Keluarga
Fome	Kelaparan
Frango	Ayam
Fruta	Buah
Grelha	Grill
Jantar	Makan Malam
Jogos	Permainan
Legumes	Sayuran
Molho	Saus
Música	Musik
Pimenta	Lada
Quente	Panas
Sal	Garam
Saladas	Salad
Tomates	Tomat
Verão	Musim Panas

Cidade
Kota

Aeroporto	Bandara
Banco	Bank
Biblioteca	Perpustakaan
Cinema	Bioskop
Clínica	Klinik
Escola	Sekolah
Estádio	Stadion
Farmácia	Farmasi
Florista	Florist
Galeria	Galeri
Hotel	Hotel
Livraria	Toko Buku
Mercado	Pasar
Museu	Museum
Padaria	Toko Roti
Restaurante	Restoran
Salão	Salon
Supermercado	Supermarket
Teatro	Teater
Universidade	Universitas

Ciência
Sains

Átomo	Atom
Cientista	Ilmuwan
Clima	Iklim
Dados	Data
Evolução	Evolusi
Fato	Fakta
Física	Fisika
Fóssil	Fosil
Gravidade	Gravitasi
Hipótese	Hipotesis
Laboratório	Laboratorium
Método	Metode
Minerais	Mineral
Moléculas	Molekul
Natureza	Alam
Observação	Observasi
Organismo	Organisme
Partículas	Partikel
Plantas	Tanaman
Químico	Bahan Kimia

Circo
Sirkus

Acrobata	Akrobat
Animais	Binatang
Balões	Balon
Bilhete	Tiket
Desfile	Parade
Doce	Permen
Elefante	Gajah
Entreter	Menghibur
Espectador	Penonton
Espetacular	Spektakuler
Leão	Singa
Macaco	Monyet
Magia	Sihir
Malabarista	Juggler
Mágico	Pesulap
Música	Musik
Palhaço	Badut
Tenda	Tenda
Tigre	Harimau
Traje	Kostum

Clima
Cuaca

Arco-Íris	Pelangi
Atmosfera	Suasana
Calmo	Tenang
Céu	Langit
Clima	Iklim
Gelo	Es
Monção	Musim
Nevoeiro	Kabut
Nuvem	Awan
Polar	Kutub
Relâmpago	Petir
Seca	Kekeringan
Seco	Kering
Temperatura	Suhu
Tempestade	Badai
Tornado	Tornado
Tropical	Tropis
Trovão	Guntur
Úmido	Lembab
Vento	Angin

Comida # 2
Makanan # 2

Alcachofra	Artichoke
Amêndoa	Almond
Arroz	Nasi
Banana	Pisang
Beringela	Terong
Brócolis	Brokoli
Cereja	Ceri
Chocolate	Coklat
Cogumelo	Jamur
Frango	Ayam
Iogurte	Yoghurt
Kiwi	Kiwi
Maçã	Apel
Ovo	Telur
Peixe	Ikan
Presunto	Ham
Queijo	Keju
Tomate	Tomat
Trigo	Gandum
Uva	Anggur

Comida #1
Makanan # 1

Açúcar	Gula
Alho	Bawang Putih
Amendoim	Kacang
Atum	Tuna
Bolo	Kue
Canela	Kayu Manis
Cebola	Bawang
Cenoura	Wortel
Cevada	Jelai
Damasco	Aprikot
Espinafre	Bayam
Leite	Susu
Limão	Lemon
Manjericão	Kemangi
Morango	Stroberi
Nabo	Lobak
Sal	Garam
Salada	Salad
Sopa	Sup
Suco	Jus

Conservação
Konservasi

Ambiental	Lingkungan
Água	Air
Ciclo	Siklus
Clima	Iklim
Ecossistema	Ekosistem
Educação	Pendidikan
Habitat	Habitat
Natural	Alami
Orgânico	Organik
Pesticida	Pestisida
Poluição	Polusi
Reciclar	Daur Ulang
Reduzir	Mengurangi
Saúde	Kesehatan
Sustentável	Berkelanjutan
Verde	Hijau
Voluntário	Sukarelawan

Cores
Colors

Amarelo	Kuning
Azul	Biru
Bege	Krem
Branco	Putih
Ciano	Cyan
Cinza	Abu-Abu
Fuchsia	Fuchsia
Laranja	Jeruk
Magenta	Magenta
Marrom	Cokelat
Preto	Hitam
Rosa	Merah Muda
Roxo	Ungu
Sépia	Sepia
Verde	Hijau
Vermelho	Merah

Corpo Humano
Tubuh Manusia

Boca	Mulut
Cabeça	Kepala
Cérebro	Otak
Coração	Hati
Cotovelo	Siku
Dedo	Jari
Joelho	Lutut
Lábios	Bibir
Mandíbula	Rahang
Mão	Tangan
Nariz	Hidung
Olho	Mata
Ombro	Bahu
Orelha	Telinga
Pele	Kulit
Perna	Kaki
Pescoço	Leher
Queixo	Dagu
Sangue	Darah
Testa	Dahi

Cozinha
Kitchen

Avental	Celemek
Chaleira	Ketel
Colheres	Sendok
Cups	Cangkir
Especiarias	Rempah-Rempah
Esponja	Spons
Facas	Pisau
Forno	Oven
Freezer	Freezer
Garfos	Garpu
Geladeira	Kulkas
Grelha	Grill
Guardanapo	Serbet
Jar	Jar
Jarro	Kendi
Pauzinhos	Sumpit
Receita	Resep
Tigela	Mangkuk

Dança
Menari

Academia	Akademi
Arte	Seni
Clássico	Klasik
Coreografia	Koreografi
Corpo	Tubuh
Cultura	Budaya
Cultural	Kultural
Emoção	Emosi
Ensaio	Latihan
Expressivo	Ekspresif
Graça	Rahmat
Movimento	Gerakan
Música	Musik
Parceiro	Mitra
Postura	Sikap
Ritmo	Irama
Saltar	Melompat
Tradicional	Tradisional
Visual	Visual

Dias e Meses
Hari dan Bulan

Abril	April
Agosto	Agustus
Ano	Tahun
Calendário	Kalender
Dezembro	Desember
Domingo	Minggu
Fevereiro	Februari
Janeiro	Januari
Julho	Juli
Junho	Juni
Mês	Bulan
Novembro	November
Outubro	Oktober
Quarta-Feira	Rabu
Quinta-Feira	Kamis
Sábado	Sabtu
Segunda-Feira	Senin
Setembro	September
Sexta-Feira	Jumat
Terça	Selasa

Dinossauros
Dinosaurus

Asas	Sayap
Carnívoro	Karnivora
Cauda	Ekor
Desaparecimento	Hilangnya
Espécies	Jenis
Evolução	Evolusi
Fósseis	Fosil
Grande	Besar
Herbívoro	Herbivora
Mamute	Mammoth
Onívoro	Omnivora
Poderoso	Kuat
Presa	Mangsa
Pré-Histórico	Prasejarah
Raptor	Raptor
Réptil	Reptil
Tamanho	Ukuran
Terra	Bumi
Vicioso	Setan

Dirigindo
Mengemudi

Acidente	Kecelakaan
Caminhão	Truk
Carro	Mobil
Combustível	Bahan Bakar
Cuidado	Hati
Estrada	Jalan
Freios	Rem
Garagem	Garasi
Gás	Gas
Licença	Lisensi
Mapa	Peta
Motocicleta	Sepeda Motor
Motor	Motor
Pedestre	Pejalan Kaki
Perigo	Bahaya
Polícia	Polisi
Segurança	Keamanan
Transporte	Transportasi
Tráfego	Lalu Lintas
Túnel	Terowongan

Disciplinas Científicas
Disiplin Ilmiah

Anatomia	Anatomi
Arqueologia	Arkeologi
Astronomia	Astronomi
Biologia	Biologi
Bioquímica	Biokimia
Botânica	Botani
Cinesiologia	Kinesiologi
Ecologia	Ekologi
Fisiologia	Fisiologi
Geologia	Geologi
Imunologia	Imunologi
Linguística	Linguistik
Meteorologia	Meteorologi
Mineralogia	Mineralogi
Neurologia	Neurologi
Psicologia	Psikologi
Química	Kimia
Sociologia	Sosiologi
Termodinâmica	Termodinamika
Zoologia	Zoologi

Ecologia
Ekologi

Clima	Iklim
Comunidades	Komunitas
Diversidade	Perbedaan
Espécies	Jenis
Fauna	Fauna
Flora	Flora
Global	Global
Habitat	Habitat
Marinho	Laut
Montanhas	Gunung
Natural	Alami
Natureza	Alam
Pântano	Rawa
Plantas	Tanaman
Recursos	Sumber Daya
Seca	Kekeringan
Sustentável	Berkelanjutan
Variedade	Variasi
Vegetação	Vegetasi
Voluntários	Relawan

Edifícios
Bangunan

Apartamento	Apartemen
Castelo	Kastil
Celeiro	Gudang
Cinema	Bioskop
Embaixada	Kedutaan
Escola	Sekolah
Estádio	Stadion
Fazenda	Pertanian
Fábrica	Pabrik
Garagem	Garasi
Hospital	Rumah Sakit
Hotel	Hotel
Laboratório	Laboratorium
Museu	Museum
Observatório	Observatorium
Supermercado	Supermarket
Teatro	Teater
Tenda	Tenda
Torre	Menara
Universidade	Universitas

Emoções
Emosi

Alegria	Kegembiraan
Amor	Cinta
Bem-Aventurança	Kebahagiaan
Bondade	Kebaikan
Calmo	Tenang
Conteúdo	Isi
Envergonhado	Malu
Grato	Bersyukur
Medo	Takut
Paz	Perdamaian
Raiva	Amarah
Relaxado	Santai
Satisfeito	Puas
Simpatia	Simpati
Ternura	Kelembutan
Tédio	Kebosanan
Tranquilidade	Ketenangan
Tristeza	Kesedihan

Escalada
Pendakian

Altitude	Ketinggian
Atmosfera	Suasana
Botas	Sepatu Bot
Caminhada	Hiking
Capacete	Helm
Caverna	Gua
Curiosidade	Keingintahuan
Desafios	Tantangan
Especialista	Ahli
Estabilidade	Stabilitas
Estreito	Sempit
Físico	Fisik
Força	Kekuatan
Guias	Panduan
Luvas	Sarung Tangan
Mapa	Peta
Terreno	Medan

Escola # 2
Sekolah # 2

Acadêmico	Akademik
Atividades	Kegiatan
Biblioteca	Perpustakaan
Calendário	Kalender
Ciência	Ilmu
Computador	Komputer
Dicionário	Kamus
Educação	Pendidikan
Gramática	Tata Bahasa
Jogos	Permainan
Lápis	Pensil
Leitura	Membaca
Literatura	Sastra
Livros	Buku
Matemática	Matematika
Mochila	Ransel
Papel	Kertas
Professor	Guru
Suprimentos	Persediaan
Tesoura	Gunting

Escola #1
Sekolah # 1

Alfabeto	Alfabet
Almoço	Makan Siang
Amigos	Teman
Biblioteca	Perpustakaan
Cadeira	Kursi
Canetas	Pena
Exames	Ujian
Lápis	Pensil
Livros	Buku
Matemática	Matematika
Números	Nomor
Papel	Kertas
Pastas	Folder
Professor	Guru
Questionário	Kuis
Respostas	Jawaban

Especiarias
Rempah-Rempah

Açafrão	Kunyit
Alcaçuz	Licorice
Alho	Bawang Putih
Amargo	Pahit
Anis	Anise
Azedo	Asam
Baunilha	Vanila
Canela	Kayu Manis
Cardamomo	Kapulaga
Caril	Kari
Cebola	Bawang
Coentro	Ketumbar
Cominho	Jinten
Doce	Manis
Funcho	Adas
Gengibre	Jahe
Noz-Moscada	Pala
Pimenta	Lada
Sabor	Rasa
Sal	Garam

Esportes
Olahraga

Atleta	Atlet
Árbitro	Wasit
Basquete	Basket
Beisebol	Bisbol
Bicicleta	Sepeda
Campeonato	Kejuaraan
Equipe	Tim
Estádio	Stadion
Ganhador	Pemenang
Ginásio	Gimnasium
Ginástica	Senam
Golfe	Golf
Hóquei	Hoki
Jogador	Pemain
Jogo	Permainan
Movimento	Gerakan
Tênis	Tenis
Treinador	Pelatih

Exploração
Eksplorasi

Animais	Binatang
Atividade	Aktivitas
Coragem	Keberanian
Culturas	Budaya
Descoberta	Penemuan
Desconhecido	Diketahui
Determinação	Tekad
Distante	Jauh
Espaço	Ruang
Exaustão	Kelelahan
Excitação	Kegembiraan
Língua	Bahasa
Novo	Baru
Perigos	Bahaya
Selvagem	Liar
Terreno	Medan
Viagem	Bepergian

Família
Keluarga

Antepassado	Leluhur
Avó	Nenek
Avô	Kakek
Criança	Anak
Esposa	Istri
Gêmeos	Kembar
Irmã	Saudari
Irmão	Saudara
Marido	Suami
Mãe	Ibu
Neto	Cucu
Pai	Ayah
Primo	Sepupu
Sobrinho	Keponakan
Tia	Bibi
Tio	Paman

Fazenda #1
Peternakan #1

Abelha	Lebah
Agricultura	Pertanian
Arroz	Nasi
Água	Air
Bezerro	Betis
Burro	Keledai
Cabra	Kambing
Campo	Bidang
Cavalo	Kuda
Cão	Anjing
Cerca	Pagar
Corvo	Gagak
Feno	Jerami
Fertilizante	Pupuk
Frango	Ayam
Gato	Kucing
Mel	Sayang
Porco	Babi
Rebanho	Kawanan
Vaca	Sapi

Fazenda #2
Peternakan #2

Agricultor	Petani
Animais	Binatang
Celeiro	Gudang
Cevada	Jelai
Colmeia	Beehive
Fruta	Buah
Ganso	Angsa
Irrigação	Irigasi
Leite	Susu
Lhama	Llama
Maduro	Matang
Milho	Jagung
Ovelha	Domba
Pastor	Gembala
Pato	Bebek
Pomar	Orchard
Prado	Padang Rumput
Trator	Traktor
Trigo	Gandum
Vegetal	Sayur-Mayur

Ferramentas
Peralatan

Alicate	Tang
Cabo	Kabel
Cola	Lem
Corda	Tali
Escada	Tangga
Faca	Pisau
Grampeador	Stapler
Grampo	Pokok
Machado	Kapak
Malho	Mallet
Martelo	Palu
Navalha	Pisau Cukur
Parafuso	Baut
Pá	Sekop
Roda	Roda
Tesoura	Gunting
Tocha	Obor

Ferramentas de Cozinha
Alat Memasak

Chaleira	Ketel
Coador	Saringan
Colher	Sendok
Espátula	Sudip
Espremedor	Juicer
Faca	Pisau
Fogão	Kompor
Forno	Oven
Garfo	Garpu
Geladeira	Kulkas
Liquidificador	Blender
Ralador	Parutan
Talheres	Alat Makan
Tampa	Tutup
Termômetro	Termometer
Tesoura	Gunting

Férias #1
Liburan # 1

Alfândega	Bea Cukai
Avião	Pesawat
Bilhete	Tiket
Bonde	Trem
Carro	Mobil
Expedição	Ekspedisi
Guarda-Chuva	Payung
Itinerário	Jadwal
Lago	Danau
Mala	Koper
Mochila	Ransel
Moeda	Mata Uang
Museu	Museum
Partida	Keberangkatan
Relaxamento	Relaksasi
Turista	Turis

Férias #2
Liburan #2

Aeroporto	Bandara
Destino	Tujuan
Estrangeiro	Orang Asing
Feriado	Liburan
Fotos	Foto
Hotel	Hotel
Ilha	Pulau
Lazer	Rekreasi
Mapa	Peta
Mar	Laut
Montanhas	Gunung
Passaporte	Paspor
Praia	Pantai
Reservas	Reservasi
Restaurante	Restoran
Táxi	Taksi
Tenda	Tenda
Transporte	Transportasi
Viagem	Perjalanan
Visto	Visa

Ficção Científica
Fiksi Ilmiah

Atómico	Atom
Cinema	Bioskop
Distante	Jauh
Distopia	Distopia
Explosão	Ledakan
Extremo	Ekstrem
Fantástico	Fantastis
Fogo	Api
Futurista	Futuristik
Galáxia	Galaksi
Ilusão	Ilusi
Imaginário	Imajiner
Livros	Buku
Misterioso	Gaib
Mundo	Dunia
Oráculo	Oracle
Planeta	Planet
Robôs	Robot
Tecnologia	Teknologi
Utopia	Utopia

Flores
Bunga-Bunga

Buquê	Buket
Dente-De-Leão	Dandelion
Gardênia	Gardenia
Hibisco	Hibiscus
Jasmim	Melati
Lavanda	Lavender
Lilás	Lilac
Lírio	Lily
Magnólia	Magnolia
Margarida	Daisy
Narciso	Daffodil
Orquídea	Anggrek
Papoula	Poppy
Peônia	Peony
Pétala	Kelopak
Plumeria	Plumeria
Rosa	Mawar
Trevo	Semanggi
Tulipa	Tulip

Floresta Tropical
Hutan Hujan

Anfíbios	Amfibi
Botânico	Botani
Clima	Iklim
Comunidade	Komunitas
Diversidade	Perbedaan
Espécies	Jenis
Indígena	Asli
Insetos	Serangga
Mamíferos	Mamalia
Musgo	Lumut
Natureza	Alam
Nuvens	Awan
Pássaros	Burung
Preservação	Pelestarian
Refúgio	Naungan
Respeito	Menghormati
Restauração	Restorasi
Selva	Hutan
Valioso	Berharga

Formas
Bentuk

Arco	Arc
Canto	Sudut
Cilindro	Silinder
Círculo	Lingkaran
Cone	Kerucut
Cubo	Kubus
Curva	Kurva
Elipse	Elips
Esfera	Bola
Hipérbole	Hiperbola
Lado	Sisi
Linha	Garis
Oval	Oval
Pirâmide	Piramida
Polígono	Poligon
Prisma	Prisma
Quadrado	Persegi
Triângulo	Segitiga

Frutas
Buah

Abacate	Alpukat
Abacaxi	Nanas
Amora	Blackberry
Baga	Berry
Banana	Pisang
Cereja	Ceri
Coco	Kelapa
Damasco	Aprikot
Figo	Ara
Framboesa	Raspberry
Kiwi	Kiwi
Laranja	Jeruk
Limão	Lemon
Maçã	Apel
Mamão	Pepaya
Manga	Mangga
Nectarina	Nectarine
Pera	Pir
Pêssego	Persik
Uva	Anggur

Gatos
Kucing

Brincalhão	Ceria
Caçador	Hunter
Cauda	Ekor
Curioso	Penasaran
Dormir	Tidur
Engraçado	Lucu
Fio	Benang
Garra	Cakar
Independente	Mandiri
Louco	Gila
Mouse	Tetikus
Pata	Kaki
Pele	Bulu
Personalidade	Kepribadian
Selvagem	Liar
Tímido	Malu

Geografia
Geografi

Altitude	Ketinggian
Atlas	Atlas
Cidade	Kota
Continente	Benua
Equador	Khatulistiwa
Hemisfério	Belahan Bumi
Ilha	Pulau
Latitude	Garis Lintang
Longitude	Garis Bujur
Mapa	Peta
Mar	Laut
Meridiano	Meridian
Montanha	Gunung
Mundo	Dunia
Norte	Utara
Oeste	Barat
País	Negara
Rio	Sungai
Sul	Selatan
Território	Wilayah

Geologia
Geologi

Ácido	Asam
Camada	Lapisan
Caverna	Gua
Cálcio	Kalsium
Ciclos	Siklus
Continente	Benua
Coral	Karang
Cristais	Kristal
Erosão	Erosi
Estalactite	Stalaktit
Estalagmites	Stalagmit
Fóssil	Fosil
Lava	Lahar
Minerais	Mineral
Pedra	Batu
Quartzo	Kuarsa
Sal	Garam
Terremoto	Gempa Bumi
Vulcão	Gunung Berapi
Zona	Zona

Herbalismo
Herbalisme

Açafrão	Kunyit
Alecrim	Rosemary
Alho	Bawang Putih
Aromático	Aromatik
Benéfico	Bermanfaat
Coentro	Ketumbar
Estragão	Tarragon
Flor	Bunga
Funcho	Adas
Ingrediente	Bahan
Jardim	Kebun
Lavanda	Lavender
Manjericão	Kemangi
Manjerona	Marjoram
Planta	Tanaman
Qualidade	Kualitas
Sabor	Rasa
Salsa	Peterseli
Tomilho	Timi
Verde	Hijau

Insetos
Serangga

Abelha	Lebah
Barata	Kecoa
Besouro	Kumbang
Borboleta	Kupu-Kupu
Cigarra	Jangkrik
Cupim	Rayap
Formiga	Semut
Gafanhoto	Belalang
Joaninha	Ladybug
Larva	Larva
Libélula	Capung
Louva-A-Deus	Mantis
Mariposa	Ngengat
Minhoca	Cacing
Mosquito	Nyamuk
Pulga	Kutu
Pulgão	Aphid
Vespa	Tawon

Instrumentos Musicais
Instrumen Musik

Bandolim	Mandolin
Banjo	Banjo
Clarinete	Klarinet
Fagote	Bassoon
Flauta	Seruling
Gaita	Harmonika
Gongo	Gong
Harpa	Harpa
Marimba	Marimba
Oboé	Obo
Pandeiro	Rebana
Percussão	Perkusi
Piano	Piano
Saxofone	Saksofon
Tambor	Drum
Trombone	Trombon
Trompete	Terompet
Violão	Gitar
Violino	Biola
Violoncelo	Selo

Jardim
Taman

Ancinho	Menyapu
Arbusto	Semak
Árvore	Pohon
Banco	Bangku
Cerca	Pagar
Ervas Daninhas	Gulma
Flor	Bunga
Garagem	Garasi
Grama	Rumput
Jardim	Kebun
Lagoa	Kolam
Mangueira	Selang
Pá	Sekop
Pomar	Orchard
Solo	Tanah
Terraço	Teras
Trampolim	Trampolin
Varanda	Boranda
Videira	Vine

Literatura
Literatur

Analogia	Analogi
Análise	Analisis
Anedota	Anekdot
Autor	Penulis
Biografia	Biografi
Comparação	Perbandingan
Conclusão	Kesimpulan
Descrição	Deskripsi
Diálogo	Dialog
Estilo	Gaya
Ficção	Fiksi
Metáfora	Metafora
Narrador	Narator
Opinião	Pendapat
Poema	Puisi
Rima	Sajak
Ritmo	Irama
Romance	Novel
Tema	Tema
Tragédia	Tragedi

Livros
Buku-Buku

Autor	Penulis
Aventura	Petualangan
Coleção	Koleksi
Contexto	Konteks
Dualidade	Dualitas
Escrito	Ditulis
Épico	Epik
História	Cerita
Histórico	Historis
Inventivo	Inventif
Leitor	Pembaca
Literário	Sastra
Narrador	Narator
Página	Halaman
Personagem	Watak
Poesia	Puisi
Relevante	Relevan
Romance	Novel
Série	Seri
Trágico	Tragis

Mamíferos
Mamalia

Baleia	Paus
Camelo	Unta
Canguru	Kanguru
Castor	Berang-Berang
Cavalo	Kuda
Cão	Anjing
Coelho	Kelinci
Coiote	Coyote
Elefante	Gajah
Gato	Kucing
Girafa	Jerapah
Golfinho	Lumba-Lumba
Gorila	Gorila
Leão	Singa
Lobo	Serigala
Macaco	Monyet
Ovelha	Domba
Raposa	Rubah
Touro	Banteng
Zebra	Zebra

Matemática
Matematika

Aritmética	Hitung
Ângulos	Sudut
Circunferência	Lingkar
Decimal	Desimal
Diâmetro	Diameter
Equação	Persamaan
Expoente	Eksponen
Fração	Fraksi
Geometria	Geometri
Paralelo	Paralel
Paralelogramo	Parallelogram
Perímetro	Perimeter
Perpendicular	Tegak Lurus
Polígono	Poligon
Quadrado	Persegi
Raio	Radius
Simetria	Simetri
Soma	Jumlah
Triângulo	Segitiga
Volume	Volume

Material de Arte
Perlengkapan Seni

Acrílico	Akrilik
Apagador	Penghapus
Aquarelas	Cat Air
Argila	Tanah Liat
Água	Air
Cadeira	Kursi
Carvão	Arang
Cavalete	Easel
Câmera	Kamera
Cola	Lem
Cores	Warna
Criatividade	Kreativitas
Escovas	Sikat
Lápis	Pensil
Mesa	Meja
Óleo	Minyak
Papel	Kertas
Pastels	Pastel
Tinta	Tinta
Tintas	Cat

Medições
Pengukuran

Altura	Tinggi
Byte	Byte
Centímetro	Sentimeter
Comprimento	Panjang
Decimal	Desimal
Grama	Gram
Grau	Derajat
Largura	Lebar
Litro	Liter
Massa	Massa
Metro	Meter
Minuto	Menit
Onça	Ons
Peso	Berat
Polegada	Inci
Profundidade	Kedalaman
Quilograma	Kilogram
Quilômetro	Kilometer
Tonelada	Ton
Volume	Volume

Meditação
Meditasi

Aceitação	Penerimaan
Acordado	Bangun
Atenção	Perhatian
Bondade	Kebaikan
Clareza	Kejelasan
Compaixão	Kasih Sayang
Emoções	Emosi
Ensinamentos	Ajaran
Gratidão	Syukur
Hábitos	Kebiasaan
Mental	Mental
Mente	Pikiran
Movimento	Gerakan
Música	Musik
Natureza	Alam
Observação	Observasi
Paz	Perdamaian
Perspectiva	Perspektif
Postura	Sikap
Silêncio	Kesunyian

Mitologia
Mitologi

Arquétipo	Pola Dasar
Ciúmes	Kecemburuan
Comportamento	Perilaku
Crenças	Keyakinan
Criação	Penciptaan
Criatura	Makhluk
Cultura	Budaya
Desastre	Bencana
Força	Kekuatan
Guerreiro	Pejuang
Herói	Pahlawan
Imortalidade	Keabadian
Labirinto	Labirin
Lenda	Legenda
Mágico	Gaib
Monstro	Rakasa
Mortal	Fana
Relâmpago	Petir
Trovão	Guntur
Vingança	Balas Dendam

Natureza
Alam

Abelhas	Lebah
Abrigo	Penampungan
Animais	Binatang
Ártico	Arktik
Beleza	Kecantikan
Deserto	Gurun
Dinâmico	Dinamis
Erosão	Erosi
Floresta	Hutan
Folhagem	Dedaunan
Geleira	Gletser
Montanhas	Gunung
Nevoeiro	Kabut
Nuvens	Awan
Pacífico	Tenang
Rio	Sungai
Santuário	Suaka
Selvagem	Liar
Tropical	Tropis
Vital	Vital

Nutrição
Nutrisi

Amargo	Pahit
Apetite	Nafsu Makan
Calorias	Kalori
Carboidratos	Karbohidrat
Comestível	Bisa Dimakan
Dieta	Diet
Digestão	Pencernaan
Equilibrado	Seimbang
Fermentação	Fermentasi
Líquidos	Cairan
Molho	Saus
Nutriente	Gizi
Peso	Berat
Proteínas	Protein
Qualidade	Kualitas
Sabor	Rasa
Saudável	Sehat
Saúde	Kesehatan
Toxina	Racun
Vitamina	Vitamin

Números
Angka

Cinco	Lima
Decimal	Desimal
Dez	Sepuluh
Dezesseis	Enam Belas
Dezessete	Tujuh Belas
Dezoito	Delapan Belas
Dois	Dua
Doze	Dua Belas
Nove	Sembilan
Oito	Delapan
Quatorze	Empat Belas
Quatro	Empat
Quinze	Lima Belas
Seis	Enam
Sete	Tujuh
Treze	Tiga Belas
Três	Tiga
Um	Satu
Vinte	Dua Puluh
Zero	Nol

Oceano
Samudra

Alga	Alga
Atum	Tuna
Baleia	Paus
Barco	Perahu
Camarão	Udang
Caranguejo	Kepiting
Coral	Karang
Enguia	Belut
Esponja	Spons
Golfinho	Lumba-Lumba
Medusa	Ubur-Ubur
Ondas	Ombak
Ostra	Tiram
Peixe	Ikan
Polvo	Gurita
Recife	Terumbu
Sal	Garam
Tartaruga	Penyu
Tempestade	Badai
Tubarão	Hiu

Paisagens
Pemandangan Alam

Cascata	Air Terjun
Caverna	Gua
Colina	Bukit
Deserto	Gurun
Estuário	Muara
Geleira	Gletser
Golfo	Teluk
Iceberg	Gunung Es
Ilha	Pulau
Lago	Danau
Mar	Laut
Montanha	Gunung
Oásis	Oasis
Pântano	Rawa
Península	Semenanjung
Praia	Pantai
Rio	Sungai
Tundra	Tundra
Vale	Lembah
Vulcão	Gunung Berapi

Países #2
Negara #2

Albânia	Albania
Dinamarca	Denmark
França	Perancis
Grécia	Yunani
Haiti	Haiti
Indonésia	Indonesia
Irlanda	Irlandia
Jamaica	Jamaika
Japão	Jepang
Laos	Laos
Líbano	Libanon
México	Meksiko
Nepal	Nepal
Nigéria	Nigeria
Paquistão	Pakistan
Rússia	Rusia
Síria	Suriah
Somália	Somalia
Ucrânia	Ukraina
Uganda	Uganda

Pássaros
Burung-Burung

Avestruz	Burung Unta
Águia	Elang
Canário	Kenari
Cegonha	Bangau
Cisne	Angsa
Corvo	Gagak
Cuco	Cuckoo
Flamingo	Flamingo
Frango	Ayam
Gaivota	Gull
Ovo	Telur
Papagaio	Burung Beo
Pardal	Burung Pipit
Pato	Bebek
Pavão	Merak
Pelicano	Pelikan
Pinguim	Penguin
Pombo	Merpati
Tucano	Toucan
Turquia	Turki

Pesca
Penangkapan Ikan

Água	Air
Barbatanas	Sirip
Barco	Perahu
Brânquias	Insang
Cesta	Keranjang
Cozinhar	Masak
Equipamento	Peralatan
Exagero	Berlebihan
Fio	Kawat
Gancho	Kait
Isca	Umpan
Lago	Danau
Mandíbula	Rahang
Oceano	Laut
Paciência	Kesabaran
Peso	Berat
Praia	Pantai
Rio	Sungai
Temporada	Musim

Piratas
Bajak Laut

Aventura	Petualangan
Âncora	Jangkar
Bússola	Kompas
Capitão	Kapten
Caverna	Gua
Cicatriz	Bekas Luka
Espada	Pedang
Ilha	Pulau
Lenda	Legenda
Mapa	Peta
Mau	Buruk
Moedas	Koin
Oceano	Laut
Ouro	Emas
Papagaio	Burung Beo
Perigo	Bahaya
Praia	Pantai
Rum	Rum
Tesouro	Harta Karun
Tripulação	Awak

Plantas
Tanaman

Arbusto	Semak
Árvore	Pohon
Baga	Berry
Bambu	Bambu
Botânica	Botani
Cacto	Kaktus
Erva	Herba
Feijão	Kacang
Fertilizante	Pupuk
Flor	Bunga
Flora	Flora
Floresta	Hutan
Folhagem	Dedaunan
Grama	Rumput
Hera	Ivy
Jardim	Kebun
Musgo	Lumut
Pétala	Kelopak
Raiz	Akar
Vegetação	Vegetasi

Preencher
Untuk Mengisi

Bacia	Baskom
Balde	Ember
Bandeja	Baki
Barril	Barel
Bolso	Saku
Caixa	Kotak
Cesta	Keranjang
Envelope	Amplop
Garrafa	Botol
Gaveta	Laci
Jar	Jar
Mala	Koper
Navio	Kapal
Pacote	Paket
Pasta	Map
Saco	Tas
Tubo	Tabung
Vaso	Vas

Profissões #1
Profesi # 1

Advogado	Pengacara
Alfaiate	Penjahit
Artista	Artis
Astrônomo	Astronom
Banqueiro	Bankir
Caçador	Hunter
Cartógrafo	Kartografer
Cientista	Ilmuwan
Dançarino	Penari
Editor	Editor
Embaixador	Duta Besar
Encanador	Tukang Ledeng
Enfermeira	Perawat
Geólogo	Ahli Geologi
Joalheiro	Perhiasan
Marinheiro	Pelaut
Músico	Musisi
Pianista	Pianis
Psicólogo	Psikolog
Veterinário	Dokter Hewan

Profissões #2
Profesi # 2

Agricultor	Petani
Astronauta	Astronot
Bibliotecário	Pustakawan
Biólogo	Ahli Biologi
Cirurgião	Ahli Bedah
Dentista	Dokter Gigi
Engenheiro	Insinyur
Filósofo	Filsuf
Fotógrafo	Fotografer
Ilustrador	Ilustrator
Inventor	Penemu
Investigador	Peneliti
Jardineiro	Tukang Kebun
Jornalista	Wartawan
Linguista	Ahli Bahasa
Médico	Dokter
Piloto	Pilot
Pintor	Pelukis
Professor	Guru
Zoólogo	Zoologi

Restaurante # 2
Restoran #2

Almoço	Makan Siang
Aperitivo	Pembuka
Água	Air
Bebida	Minuman
Bolo	Kue
Cadeira	Kursi
Colher	Sendok
Delicioso	Lezat
Especiarias	Rempah-Rempah
Fruta	Buah
Garçom	Pelayan
Garfo	Garpu
Gelo	Es
Jantar	Makan Malam
Legumes	Sayuran
Macarrão	Mie
Peixe	Ikan
Sal	Garam
Salada	Salad
Sopa	Sup

Restaurante #1
Restoran # 1

Alergia	Alergi
Café	Kopi
Caixa	Kasir
Carne	Daging
Cozinha	Dapur
Faca	Pisau
Frango	Ayam
Garçonete	Pelayan
Guardanapo	Serbet
Ingredientes	Bahan
Menu	Menu
Molho	Saus
Pão	Roti
Picante	Pedas
Placa	Piring
Reserva	Reservasi
Sobremesa	Pencuci Mulut
Tigela	Mangkuk

Roupas
Pakaian

Avental	Celemek
Blusa	Blus
Calça	Celana
Camisa	Baju
Casaco	Mantel
Chapéu	Topi
Cinto	Ikat Pinggang
Colar	Kalung
Jaqueta	Jas
Jeans	Jeans
Luvas	Sarung Tangan
Meias	Kaus Kaki
Moda	Mode
Pijama	Piyama
Pulseira	Gelang
Saia	Rok
Sandálias	Sandal
Sapato	Sepatu
Suéter	Sweter
Vestido	Gaun

Sons
Suara

Alto	Keras
Apito	Peluit
Aplaudir	Bertepuk
Concerto	Konser
Coro	Paduan Suara
Eco	Gema
Gemer	Erangan
Repetitivo	Berulang
Ressonante	Resonan
Riso	Tawa
Ruidoso	Berisik
Sino	Lonceng
Sirenes	Sirene
Sussurrar	Bisik
Tosse	Batuk
Vibração	Getaran
Vozes	Suara

Surf
Berselancar

Atleta	Atlet
Campeão	Juara
Espuma	Busa
Estilo	Gaya
Estômago	Perut
Extremo	Ekstrem
Força	Kekuatan
Multidões	Keramaian
Oceano	Laut
Onda	Melambai
Popular	Populer
Praia	Pantai
Principiante	Pemula
Rapidez	Kecepatan
Recife	Terumbu
Tempo	Cuaca

Tecnologia
Teknologi

Arquivo	Fail
Blog	Blog
Bytes	Byte
Câmera	Kamera
Computador	Komputer
Cursor	Kursor
Dados	Data
Digital	Digital
Estatísticas	Statistik
Fonte	Font
Internet	Internet
Mensagem	Pesan
Navegador	Peramban
Pesquisa	Riset
Segurança	Keamanan
Tela	Layar
Virtual	Maya
Vírus	Virus

Tempo
Waktu

Agora	Sekarang
Ano	Tahun
Antes	Sebelum
Anual	Tahunan
Calendário	Kalender
Depois	Setelah
Década	Dasawarsa
Dia	Hari
Futuro	Masa Depan
Hoje	Hari Ini
Hora	Jam
Manhã	Pagi
Meio-Dia	Siang
Mês	Bulan
Minuto	Menit
Momento	Saat
Noite	Malam
Ontem	Kemarin
Semana	Minggu
Século	Abad

Tipos de Cabelo
Jenis Rambut

Branco	Putih
Brilhante	Berkilau
Cachos	Ikal
Careca	Botak
Cinza	Abu-Abu
Colori	Berwarna
Encaracolado	Keriting
Fino	Tipis
Grosso	Tebal
Loiro	Pirang
Longo	Panjang
Marrom	Cokelat
Ondulado	Bergelombang
Prata	Perak
Preto	Hitam
Saudável	Sehat
Seco	Kering
Suave	Lembut
Trançado	Dikepang
Tranças	Kepang

Vegetais
Sayuran

Abóbora	Labu
Aipo	Seledri
Alcachofra	Artichoke
Alho	Bawang Putih
Batata	Kentang
Beringela	Terong
Brócolis	Brokoli
Cebola	Bawang
Cenoura	Wortel
Chalota	Bawang Merah
Cogumelo	Jamur
Couve-Flor	Kembang Kol
Ervilha	Kacang
Espinafre	Bayam
Gengibre	Jahe
Nabo	Lobak
Pepino	Mentimun
Salada	Salad
Salsa	Peterseli
Tomate	Tomat

Veículos
Kendaraan

Ambulância	Ambulans
Avião	Pesawat
Balsa	Feri
Barco	Perahu
Bicicleta	Sepeda
Caminhão	Truk
Caravana	Kafilah
Carro	Mobil
Foguete	Roket
Furgão	Van
Helicóptero	Helikopter
Jangada	Rakit
Lambreta	Skuter
Motor	Motor
Ônibus	Bis
Pneus	Ban
Submarino	Kapal Selam
Táxi	Taksi
Transporte	Shuttle
Trator	Traktor

Verão
Musim Panas

Acampamento	Camping
Alegria	Kegembiraan
Amigos	Teman
Casa	Rumah
Estrelas	Bintang
Família	Keluarga
Jardim	Kebun
Jogos	Permainan
Lazer	Rekreasi
Livros	Buku
Mar	Laut
Mergulho	Menyelam
Música	Musik
Praia	Pantai
Relaxamento	Relaksasi
Sandálias	Sandal
Viagem	Bepergian

Virtudes #1
Kebajikan #1

Apaixonado	Asyik
Artístico	Artistik
Bom	Bagus
Confiante	Percaya Diri
Curioso	Penasaran
Decisivo	Menentukan
Eficiente	Efisien
Encantador	Menawan
Engraçado	Lucu
Generoso	Dermawan
Imaginativo	Imajinatif
Independente	Mandiri
Inteligente	Cerdas
Limpo	Bersih
Modesto	Sederhana
Paciente	Sabar
Prático	Praktis
Sábio	Bijaksana
Útil	Membantu

Xadrez
Catur

Branco	Putih
Campeão	Juara
Concurso	Kontes
Desafios	Tantangan
Diagonal	Diagonal
Estratégia	Strategi
Jogador	Pemain
Jogo	Permainan
Oponente	Lawan
Passivo	Pasif
Pontos	Poin
Preto	Hitam
Rainha	Ratu
Regras	Aturan
Rei	Raja
Sacrifício	Pengorbanan
Tempo	Waktu
Torneio	Turnamen

Parabéns

Conseguiu!

Esperamos que tenha gostado tanto deste livro como nós gostamos de o desenhar. Esforçamo-nos por criar livros da mais alta qualidade possível.
Esta edição foi concebida para proporcionar uma aprendizagem inteligente, de qualidade e divertida!

Gostou deste livro?

Um simples pedido

Estes livros existem graças às críticas que publica.
Pode ajudar-nos, deixando agora uma revisão?

Aqui está um pequeno link para
a sua página de revisão:

BestBooksActivity.com/Avaliacoes50

DESAFIO FINAL!

Desafio n° 1

Está pronto para o seu jogo grátis? Usamo-los a toda a hora, mas não são tão fáceis de encontrar - aqui estão os **Sinônimos!**
Escreva 5 palavras que encontrou nos puzzles (n° 21, n° 36, n° 76) e tente encontrar 2 sinónimos para cada palavra.

Escreva 5 palavras de **Puzzle 21**

Palavras	Sinônimo 1	Sinônimo 2

Escreva 5 palavras de **Puzzle 36**

Palavras	Sinônimo 1	Sinônimo 2

Escreva 5 palavras de **Puzzle 76**

Palavras	Sinônimo 1	Sinônimo 2

Desafio n° 2

Agora que já aqueceu, escreva 5 palavras que encontrou nos Puzzles (n° 9, n° 17 e n° 25) e tente encontrar 2 antônimos para cada palavra. Quantos se podem encontrar em 20 minutos?

Escreva 5 palavras de *Puzzle 9*

Palavras	Antônimo 1	Antônimo 2

Escreva 5 palavras de *Puzzle 17*

Palavras	Antônimo 1	Antônimo 2

Escreva 5 palavras de *Puzzle 25*

Palavras	Antônimo 1	Antônimo 2

Desafio n° 3

Óptimo! Este desafio final   não é nada para si.

Pronto para o desafio final? Escolha 10 palavras que tenha descoberto nos diferentes puzzles e escreva-as abaixo.

1.	6.
2.	7.
3.	8.
4.	9.
5.	10.

Agora escreva um texto a pensar numa pessoa, num animal ou num lugar de seu agrado.

Pode utilizar a última página deste livro como um rascunho.

A Sua Composição:

CADERNO DE NOTAS:

ATÉ BREVE!

A equipa Inteira

DESCUBRA JOGOS GRATUITOS

GO

↓

BESTACTIVITYBOOKS.COM/FREEGAMES